Entre nós 2

Método de Português para Hispanofalantes

Caderno de Exercícios

Nível B1

Autora
Ana Cristina Dias

Direção
Renato Borges de Sousa

Lidel — Edições Técnicas, Lda.
LISBOA • PORTO
e-mail: lidel@lidel.pt
http://www.lidel.pt (Lidel On-line)
(*site* seguro certificado pela Thawte)

EDIÇÃO E DISTRIBUIÇÃO

Lidel - edições técnicas, lda.

ESCRITÓRIOS
SEDE: Rua D. Estefânia, 183, r/c Dto. - 1049-057 Lisboa
Internet: 21 354 14 18 - livrarialx@lidel.pt
Revenda: 21 351 14 43 - revenda@lidel.pt
Formação/Marketing: 21 351 14 48 - formacao@lidel.pt/marketing@lidel.pt
Ens. Línguas/Exportação: 21 351 14 42 - depinternacional@lidel.pt
Fax: 21 357 78 27 - 21 352 26 84
Linha de Autores: 21 351 14 49 - edicoesple@lidel.pt
Fax: 21 352 26 84

LIVRARIAS
LISBOA: Avenida Praia da Vitória, 14 — 1000-247 Lisboa — Telef: 213 541 418 — Fax 213 173 259 — livrarialx@lidel.pt
PORTO: Rua Damião de Góis, 452 — 4050-224 Porto — Telef: 225 573 510 — Fax 225 501 119 — delporto@lidel.pt

Copyright © Abril 2011
Lidel – Edições Técnicas, Lda.

LIVRO
Capa: Elisabete Nunes
Fotos: @Fotolia: estima; RCphotografia; murle; MIMOHE; inacio pires; DX; ATLANTISMEDIA; crimson; ataly; JoLin; Rui Vale de
        Sousa; serge simo; Cemanoliso; Vincent Duprez, Paulo Pires, Reinaldo Rodrigues, Mark Loquan
Layout e paginação: Elisabete Nunes
Fotos: Katia Teixeira, Câmara Municipal de Torres, João Pedro Oliveira,, Isabel Ruela, Anita Martin, Maria Luísa Ruela, Gonzalo
        Lescura Mora, Fumi Nagato, Eward Wong, Carlos Rodrigues, Zélia Dantas, Andreia Nunes, Álvaro Valente, Teresa Catarino,
        Ana Catarina Bicha
Ilustrações: Hauke Vaugt

Impressão e acabamento: Rolo e Filhos II, S.A. - Indústrias Gráficas
Depósito legal n.º 327463/11

CD
Autoria dos Textos: Ana Cristina Dias
Vozes: Ana Cristina Dias, Isabel Ruela, João Pedro Oliveira
Execução Técnica: Armazém 42

 & Ⓒ 2011 - Lidel
Ⓛ SPA

ISBN: 978-972-757-616-6

O Caderno de Exercícios *ENTRE NÓS* 2 contempla o nível B1, acompanhando e complementando o Livro do Aluno.

Este livro pode ser trabalhado na aula ou autonomamente. É constituído por 11 unidades de trabalho que seguem a estrutura do manual, permitindo a consolidação dos conteúdos estudados na sala de aula a nível gramatical, lexical, fonológico, ortográfico e sociocultural.

Estrutura

Cada unidade é constituída por uma página de apresentação, oito páginas com exercícios variados e uma página de autoavaliação, na qual poderá refletir sobre o seu progresso e tomar nota dos aspetos mais importantes para o seu estudo.

As soluções e as transcrições podem ser consultadas na secção final.

CD áudio

Todas as atividades de compreensão oral estão assinaladas com um ícone 💿 e pretendem ajudá-lo a:

• melhorar a compreensão oral de diferentes tipos de textos;
• compreender frases que podem surgir em situações reais de comunicação;
• aperfeiçoar a pronúncia;
• praticar a entoação;
• escrever melhor.

A autora

Ana Cristina Dias

Índice

Bem-vindo!

COMPETÊNCIAS

- Trocar informações pessoais
- Aconselhar e sugerir
- Relacionar factos no tempo
- Falar de gostos e preferências
- Compreender textos (entrevistas e depoimentos)

GRAMÁTICA

- Infinitivo pessoal
- Presente do Conjuntivo
- Revisões

VOCABULÁRIO

- Identificação pessoal
- Gostos e preferências
- Características pessoais e competências
- Falsos amigos

ENTOAÇÃO, PRONÚNCIA E ORTOGRAFIA

- Revisões

1. A Carla e o Pablo estudam português e vivem em Portugal. Ouça o diálogo e complete o quadro com as preferências de cada um.

	Carla	Pablo
Escritor		
Filme		
Cantora		
Cidade		

2. O que significam as expressões que ouviu? Escolha a opção adequada.

1. Tenho o nome *debaixo da língua*.

    a) Não me lembro do nome.
    b) Recordo-me perfeitamente do nome.
    c) É um nome difícil de esquecer.

2. Tínhamos de saber os verbos *na ponta da língua*.

    a) Tínhamos de conhecer bem os verbos.
    b) Tínhamos de conjugar os verbos.
    c) Tínhamos de decorar os verbos.

3. Ela só está em Portugal há meses e já *dá à língua* em português.

    a) Diz algumas palavras.
    b) Conversa muito.
    c) Imita sons.

4. Gastei tantas vezes *o meu latim com ela*.

    a) Falei e fui ouvido.
    b) Falava em latim com ela.
    c) Ela nunca prestou atenção ao que eu dizia.

3. Corrija as frases.

a) Em que dia começam ~~as~~ tuas aulas?
_____

b) ~~Tens~~ _Viste_ ~~visto~~ a minha borracha?
_____

c) A escola ~~está~~ _é_ na rua António Pedro.
_____

d) Conheci ~~ao~~ professor na semana passada.
_____

e) A que horas ~~s~~ais?
_____

f) O sábado, fomos ~~em~~ _de_ carro para a praia.
_____

g) Vamos ~~a~~ estudar as regiões de Portugal.
_____

h) Vi ~~a~~ _o_ Pedro ~~o~~ domingo de manhã.
_____

4. Escolha a opção adequada.

1. Ultimamente, _____ bastante.

   a) estudamos   (b) temos estudado   c) estudávamos

2. Hoje de manhã, _____ o Pablo na escola.

   (a) encontrei   b) tenho encontrado   c) encontro

3. Já alguma vez _____ no Brasil?

   a) estão   b) têm estado   (c) estiveram

4. Ontem à noite, _____ um documentário sobre a cidade do Porto.

   a) vemos   (b) vimos   c) temos visto

5. Esta semana, os alunos _____ os materiais para as aulas?

   a) têm trazido   (b) trouxeram   (c) trazem

5. Faça perguntas para as seguintes respostas. Use um tratamento formal.

1. _____?
   Os meus objetivos são falar português de uma forma espontânea e escrever corretamente.

2. _____?
   Comecei a estudar em novembro.

3. _____?
   Tenho muitas dificuldades na pronúncia.

4. _____?
   Custa-me pronunciar o *z* e o *lh*.

5. _____?
   Nas aulas, gosto de simular situações do quotidiano e adoro falar sobre cultura.

6. _____?
   Não, até me sinto muito à vontade quando falo.

7. _____?
   Aborrece-me ler textos sobre temas do quotidiano.

8. _____?
   Vou fazer o nível B1 em Lisboa e o nível B2 no Porto.

6. Complete o texto com as preposições adequadas. Faça as contrações necessárias.

Hoje __de__ manhã, levantei-me cedo, tomei o pequeno-almoço e saí logo __de__ casa. Como não sabia onde ficava a escola nem quanto tempo ia levar até lá, decidi não ir __de__ transportes e apanhei um táxi __para__ a Baixa. Andei ~~por~~ durante 10 minutos ~~até~~ encontrar a rua. Quando cheguei, encontrei uma fila ~~das~~ de alunos __à__ (a) entrada. Esperei 10 minutos ~~para~~ pela (a) minha vez. Pediram-me __para__ preencher uma ficha e indicaram-me a sala. Em seguida, fiz um teste e colocaram-me __no__ (o) nível B1.

Tenho colegas __de__ várias nacionalidades que estudam português ~~para~~ por diversos motivos. Uns __por__ prazer e outros __para__ poderem trabalhar __em__ Portugal ou __no__ (o) Brasil. Depois da aula, vim __de__ metro __para__ casa. Afinal, a escola era pertíssimo __do__ (o) metro.

7. Ouça e confirme.

8. Escolha a opção adequada.

1. Trouxe-vos um livro para **ler** / **leem** / ~~terem~~.

2. Ao **chegar** / ~~chegarmos~~ / **chegamos** à escola, reparámos que havia dois professores novos.

3. Sem vos **avaliaram** / **avaliar** / ~~avaliarem~~, não sabem se vocês podem frequentar o nível avançado.

4. Não consegui o emprego por não ~~ter~~ / **tenho** / **tive** um bom nível de português.

5. Até **pronunciamos** / ~~pronunciarmos~~ / **pronunciar** bem todos estes sons, temos de praticar bastante.

6. Eles vieram para este instituto por **saber** / **sabem** / ~~saberem~~ que os professores têm muita experiência.

9. Junte as frases com as palavras dadas. Faça as alterações necessárias.

1. Comparamos os horários. Depois, escolhemos o instituto. (*antes de*)

    comparamos os horários antes de escolhermos o instituto

2. Tens dúvidas. Pedem explicações ao professor. (*no caso de*)

    teres
    ~~Tens~~ dúvidas, no caso de ~~pedirem~~ pedem explicações

3. Dirijam-se à receção. Inscrevam-se. (*a fim de*)

    Dirijam-se à receção a fim de se inscrevarem ~~não~~

4. Fazes o teste de colocação. Atribuem-te um nível. (*depois de*)

    Fazes o teste de colocação depois de atribuirem-te um nível.

5. Assiste à primeira aula. Decide se o nível é adequado para si. (*de modo a*)

    Assiste a primeira aula de modo a decidir-se ...

6. Ainda não dominamos a gramática. Conseguimos comunicar. (*apesar de*)

    Ainda não dominamos a gramática apesar de conseguirmos.

10. Siga o exemplo e faça frases. Introduza as preposições necessárias.

Exemplo: Ser melhor / tu / dedicar / revisão dos verbos / uma hora por dia
É melhor **dedicares** uma hora por dia à revisão dos verbos.

1. Ser aconselhável / (vocês) / fazer / os trabalhos de casa

   _____

2. Ser fundamental / (ela) / ouvir / CD

   _____

3. Ser importante / (nós) / tomar notas / aulas

   _____

4. Ser recomendável / (tu) / praticar / falantes nativos

   _____

5. Ser interessante / (vocês) / ir / palestras

   _____

6. Ser pena / não / haver / cursos / horário pós-laboral

   _____

11. Reformule as frases sem alterar o sentido.

Exemplo: **É importante reverem** a matéria todos os dias.
É importante que revejam a matéria todos os dias.

1. É bom terem uma ideia dos conteúdos do curso.

   É bom que _____.

2. Apesar de não termos muito tempo, nunca faltamos às aulas.

   Embora _____.

3. No caso de quererem mudar de horário, devem falar com a coordenadora.

Caso _____.

4. Nenhum aluno passa de nível sem fazer um teste.

_____ sem que _faça_____.

5. Damos o nosso melhor para que todos os alunos se sintam satisfeitos.

Damos o nosso melhor para todos _____.

6. Até poderes fazer o exame, tens de saber as expressões que estudámos.

Até que _____ possas fazer _____.

7. É importante que saibam com o que podem contar até ao final do curso.

É importante _saberem_____.

8. Caso não fale bem português daqui a um mês, não poderei arranjar um emprego.

No caso de _falar_____.

9. Convém passarem pela receção antes das 13h.

Convém que _passem_____.

10. Basta consultares o glossário lexical para compreenderes as diferenças.

Basta que _consultes_____.

11. Nesta fase inicial, é preferível escreverem frases curtas, mas corretas.

Nesta fase inicial, é preferível que _escrevam_____.

12. Pratico diariamente com o Juan para que ele melhore a pronúncia.

_____ para

_melhore_____.

13. É melhor que façam um teste de diagnóstico.

É melhor _fazerem_____.

14. Dou-vos estas recomendações para evitarem o _portunhol_.

_____ para que

_evitem_____.

12. As seguintes palavras são falsos amigos. Escreva uma frase de modo a exemplificar o sentido de cada uma delas em português.

classe   aulas   cadeira

borracha   rato

quadro   aceitar

tareia   contestar   aborrecer

1. _____
2. _____
3. _____
4. _____
5. _____
6. _____
7. _____
8. _____
9. _____
10. _____

13. Infinitivo *pessoal* ou *impessoal*? Corrija as formas verbais quando necessário.

1. É difícil aprender se não te sentes motivado.

2. Não podemos fazermos o exame.

3. Não fumar!

4. Este livro é difícil de ler.

5. Convém saber a matéria.

6. Estamos a estudar os verbos.

7. Eles dizem para nós ter calma.

8. Os professores começaram a falarem sobre cultura.

9. Mandaram-nos fazer este exercício.

10. Ontem à noite, ouvi o Peter a ler.

11. A possibilidade de vocês reprovarem preocupa-me.

12. Eles andam a pesquisarem na Internet.

13. É provável fazerem o teste esta semana.

14. Acho melhor comprares outro dicionário. Este é muito limitado.

15. Saí da escola à pressa e a ficha ficou por preencher.

16. Alguns textos são fáceis de compreenderem.

14. Descubra os intrusos fonéticos. Há três em cada grupo.

A.

Som [z]

capaz	exame	apesar	zero	examinar	exercício
competência	caso	mesa	exato	pensar	azar

B.

Som [ʃ]

texto	achar	instalações	teste	vez	máximo
preencher	sala	escola	experiência	precisar	explicação

C.

Som [ʒ]

gerir	jovem	ajudar	guião	conjuntivo	glossário
organização	jogar	conjugação	juízo	vejam	juvenil

15. Ouça e confirme.

16. Ouça novamente e repita as palavras.

17. Complete as palavras com as letras em falta.

1. traba___o	4. expre___ão	7. ga___ejar
2. cla___e	5. aconse___ável	8. aprendiza___em
3. alu___o	6. ade___ado	9. está___io

Autoavaliação 0

A. Classifique de 1 a 10 o grau de dificuldade de cada item da unidade 0.

(1 = muito fácil; 10 = muito difícil)

☐ Gramática	☐ Ouvir e compreender
☐ Vocabulário	☐ Ler
☐ Expressões	☐ Escrever
☐ Fonética	☐ Falar
☐ Ortografia	☐ Pronunciar

B. Gramática

Preciso de rever

_____

_____

C. Vocabulário

Palavras-chave _____

_____

Falsos amigos _____

_____

D. Pronúncia / ortografia

Sons difíceis de compreender	**Sons difíceis de pronunciar**
_____	_____
_____	_____
_____	_____

E. Notas importantes para o meu registo de *Próximos, mas diferentes*.

Português	**Espanhol**
_____	_____
_____	_____
_____	_____

Ser português é...

COMPETÊNCIAS

- Interpretar gestos
- Falar no futuro
- Expressar dúvida
- Compreender textos (depoimentos, biografia e lenda)
- Escrever uma biografia resumida

GRAMÁTICA

- *Ir* + Infinitivo
- *Haver de* + Infinitivo
- Futuro imperfeito do Indicativo
- *Ter de* + Infinitivo

VOCABULÁRIO

- Costumes
- Estereótipos
- Descrições
- Expressões idiomáticas
- Gentílicos

ENTOAÇÃO, PRONÚNCIA E ORTOGRAFIA

- Acentuação gráfica

1. Associe as expressões às fotografias.

1. "Não regulas bem."
2. "Silêncio!"
3. "Vamos?"
4. "Que delícia!"
5. "Deus queira que dê certo."

6. "Deixa ouvir."
7. "Já sei!"
8. "Adeus."
9. "Acertaste em cheio!"
10. "Telefona-me."

A. _Já sei_   B. _que delícia_   C. _Telefona-me_

D. _não regulas bem_   E. _5_   F. _8_

G. _2_   H. _3_   I. _6_

J. _9_

 2. Ouça as soluções e confronte-as com as suas opções.

3. Recorra às palavras do quadro e classifique as frases.

intenção	convicção	dúvida	sugestão

Qualquer dia, havemos de ir
beber um copo.

1. _____

Hás de ler este livro.

2. _____

No outono, nunca sei o que hei
de vestir.

3. _____

Eles hão de se entender.
Tenho a certeza.

4. _____

Hás de mostrar este museu aos
teus amigos.

5. _____

Lá mais para o verão, havemos
de visitar o norte de Portugal.

6. _____

Um dia, tu hás de ser um
grande homem!

7. _____

Hei de telefonar à Luísa.

8. _____

4. Ouça as perguntas e responda como no exemplo.

Exemplo: — Já foste a Belém?
— Ainda não **fui**, mas **hei de ir**.

1. _____
2. _____
3. _____
4. _____
5. _____
6. _____
7. _____
8. _____

5. Siga o exemplo, completando as frases com os verbos no *futuro imperfeito*.

Exemplo: Apetecia-me tanto ir à praia. Que tempo *fará* no domingo?

1. O Luís não atendeu o telefone. Onde _____estará_____ (estar)?

2. O Pedro ainda não chegou? _____será_____ (ser) que se esqueceu da reunião?

3. Na segunda-feira, _____iremos_____ (nós / ir) ao lançamento do livro.

4. No final do mês, _____trarão_____ (eles / trazer) uma turma de alunos espanhóis a Lisboa.

5. Ele _____fará_____ (fazer) um estudo exaustivo da iconografia portuguesa.

6. Daqui a uns tempos, _____dirás_____ (tu / dizer) maravilhas da nossa gastronomia.

7. _____farei_____ (eu / fazer) o possível para me adaptar à vida em Portugal.

8. _____terei_____ (eu / ter) todo o gosto em conhecer a obra de Saramago.

9. _____visitaremos_____ (nós / visitar) os museus que nos aconselharam.

10. Lá mais para o final do ano, _____daremos_____ (nós / dar) uma festa na casa nova.

6. O Maarten vive em Portugal há alguns anos. Ouça o texto e complete o quadro.

Nacionalidade	
Profissão	
Experiência em Portugal	
Opinião sobre os portugueses	
Diferenças culturais	

7. Ouça o texto novamente. Quais são as preferências do Maarten?

_____

_____

_____

8. Ouça o comentário da Elisa. Em seguida, responda às perguntas.

1. Quais foram as maiores dificuldades da Elisa quando chegou a Portugal?

_____

_____

_____

2. Como é que caracteriza o seu contacto atual com os portugueses?

_____

_____

_____

3. Que conhecimentos tem da cultura portuguesa?

_____

_____

_____

9. Qualidades e defeitos. Com que verbo se usam os seguintes adjetivos? *Ser* ou *estar*? Nalguns casos, existem as duas possibilidades.

Ser	Estar	
		pronto
		picuinhas
		desconfiado
		compreensivo/a
		confiante
		nostálgico/a
		queixinhas
		suscetível
		contente
		despachado/a
		mexeriqueiro
		convencido

10. Existem muitas expressões que os portugueses usam para se descreverem. Complete as frases com as expressões do quadro.

um bicho do mato	um ponto	um bom garfo	um amigo de Peniche
um troca-tintas	um zero à esquerda	um cabeça de alho chocho	uma joia

1. Ontem, fartei-me de rir com o Mário. Ele é mesmo _____.

2. Fiquei encantada com o Bernardo. Parece ser _____.

3. — Porque é que o teu sobrinho não se dá com ninguém?
   — Não faço ideia. Ele sempre foi _____.

4. O Vasco é _____. Farta-se de comer sempre que vem cá a casa.

5. — O Bento garantiu-me que ia connosco, mas depois não apareceu.
   — Não o leves a mal. Ele é _____.

6. — Não estava à espera de uma reação tão traiçoeira por parte do Vítor.
   — Pois eu estava. Toda a gente sabe que ele é _____.

7. Não me digas que perdeste outra vez o telemóvel! És mesmo _____
   _____.

8. Às vezes, sinto-me _____ lá no trabalho. Ninguém aprecia as minhas opiniões.

11. Vai ouvir alguns dados biográficos sobre uma personalidade portuguesa. Ouça e complete o quadro.

Nome	
Data e local de nascimento	
Profissão	
Ocupação dos pais	

Obra

12. Escreva a biografia da Mariza a partir das suas notas. Use conetores do quadro.

desde	uns anos mais tarde	enquanto	no ano seguinte....
	alguns / muitos anos depois...	desde... até...	atualmente
	antes de / depois de...	em...	nesse tempo...

_____
_____
_____
_____
_____
_____
_____
_____
_____
_____
_____

13. A Lenda do Galo de Barcelos é apenas uma de muitas lendas bastante populares entre os portugueses. O Milagre das Rosas é outra dessas lendas. Tem como protagonista a rainha D. Isabel e remonta ao século XIII. Complete-a com as palavras do quadro.

surpreender	insistiu	nobre	presentes	tentava	tesouro
levava	despesas	esmolas	prestar	rosas	perdão	depressa

Segundo reza a lenda, um _____ informou o rei D. Dinis sobre as ações de caridade da rainha D. Isabel e as _____ que estas representavam para o _____ real. Numa manhã fria de janeiro, o rei decidiu _____ a rainha numa das suas caminhadas durante as quais dava _____ e pão aos pobres.

Reparando que D. Isabel _____ ocultar algo no regaço, o rei perguntou-lhe aonde se dirigia, ao que a rainha respondeu que ia ao mosteiro para ornamentar os altares. Insatisfeito e desconfiado, o rei _____ na pergunta. Foi então que, num ímpeto, a rainha retorquiu: "São rosas, meu senhor!"

Como não era possível haver _____ em janeiro, o rei obrigou-a a abrir o manto e a revelar o que lá escondia. Para estupefação de todos os _____, ao fazê-lo, surgiram rosas. Por milagre, o pão que _____ escondido tinha-se transformado em rosas. Rendido à situação, o rei pediu _____ à rainha, que acabou por cumprir os seus objetivos: _____ ajuda aos mais necessitados. O milagre _____ chegou aos ouvidos dos conimbricenses que a proclamaram rainha santa.

14. Ouça e confirme.

15. Relacione as colunas.

1___ 2___ 3___ 4___ 5___ 6___ 7___ 8___ 9___ 10___

1. desconfiado	a. espanto
2. cumprir	b. donativo
3. ocultar	c. ripostar
4. estupefação	d. esconder
5. pobres	e. suspeitoso
6. decorar	f. beneficência
7. caridade	g. capa
8. esmola	h. ornamentar
9. manto	i. necessitados
10. retorquir	j. executar

16. Relacione as cidades com os gentílicos.

1___ 2 ___ 3 ___ 4 ___ 5 ___ 6 ___ 7 ___ 8 ___ 9 ___ 10 ___ 11 ___ 12 ___ 13 ___ 14 ___ 15 ___

1. Lisboa	a. elvense
2. Porto	b. barcelense
3. Castelo Branco	c. portuense
4. Évora	d. eborense
5. Braga	e. louletano
6. Loulé	f. brigantino
7. Setúbal	g. lisboeta
8. Barcelos	h. albicastrense
9. Elvas	i. bracarense
10. Bragança	j. sadino
11. Caldas da Rainha	l. estremenho
12. Tomar	m. nabantino
13. Estremoz	n. caldense
14. Golegã	o. goleganense
15. Estremadura	p. estremocense

17. Coloque os acentos necessários.

ha de	come-las	ves	deem
estara	sabemo-lo	le	partiamos
fara	fi-las	saiu	vivia
estaras	fizemo-los	saia	faziam
terei	fa-lo	saiste	trazias
traremos	fez	saiam	veem

Autoavaliação 1

A. Classifique de 1 a 10 o grau de dificuldade de cada item da unidade 1.

(1 = muito fácil; 10 = muito difícil)

Gramática	Ouvir e compreender
Vocabulário	Ler
Expressões	Escrever
Fonética	Falar
Ortografia	Pronunciar

B. Gramática

Preciso de rever

_____

_____

C. Vocabulário

Palavras-chave

_____

_____

Falsos amigos

_____

_____

D. Pronúncia / ortografia

Sons difíceis de compreender	**Sons difíceis de pronunciar**
_____	_____
_____	_____
_____	_____

E. Notas importantes para o meu registo de *Próximos, mas diferentes*.

Português	**Espanhol**
_____	_____
_____	_____
_____	_____

A praxe é dura, mas é a **praxe!**

COMPETÊNCIAS

- Falar no futuro
- Formular hipóteses
- Compreender oralmente depoimentos e texto expositivo

GRAMÁTICA

- Futuro do Conjuntivo
- Conjunções e locuções
- Orações condicionais:
  se + Indicativo;
  se + futuro do Conjuntivo

VOCABULÁRIO

- Mundo académico
- Mercado de trabalho
- Gíria de estudante
- Expressões idiomáticas
- Apresentações

ENTOAÇÃO, PRONÚNCIA E ORTOGRAFIA

- Caça ao erro
- Acentuação gráfica

1. Quantos falsos amigos encontra no quadro?

assinatura	bolsa	bolso	competência	curso	estudante
propina	frequência	solicitar	cadeira	secretária	faculdade

2. Faça uma frase com cada falso amigo de modo a exemplificar o seu sentido em português.

_____

_____

_____

_____

_____

_____

3. Complete as frases com os verbos destacados no *futuro do conjuntivo*.

1. Não sabemos se **vamos** às aulas. Se _____, passamos pela reitoria.

2. **Têm** tempo para um café logo à tarde? Se _____, vão ter comigo ao bar da faculdade.

3. **Podes** trazer-me os apontamentos amanhã? Se _____, deixa-os no meu cacifo.

4. Se calhar, o professor vai **ter** uma reunião amanhã com o presidente da associação. Se _____, peço-lhe para apresentar a nossa proposta sobre o horário.

5. Pode ser que este livro não **seja** de leitura obrigatória. Se não _____, sempre poupo algum dinheiro.

6. Não me consigo **lembrar** do nome do autor. Se me _____, ligo-te.

7. É possível que não **haja** aulas devido à greve. Se não _____, vou ficar em casa a estudar.

8. Talvez **faça** a revisão do texto esta noite. Se a _____, posso contar com a tua ajuda?

9. Acho que não **consigo** enviar-te o ficheiro em PDF. Se não _____, peço ajuda a um colega.

10. **Dá**-te jeito passar pela biblioteca amanhã? Se não te _____, fica para sexta.

11. **Vens** à faculdade? Se _____, não te esqueças de falar com a Rita sobre a apresentação.

12. Sempre **queres** que te empreste o prontuário? Se não _____, vou emprestá--lo à Susana.

4. Escolha as opções adequadas.

1. Interrompam a aula sempre que **têm / tiverem** dúvidas.

2. Enquanto não **saiba / souber** os verbos, não me posso candidatar ao exame.

3. Assim que **acabo / acabar** o trabalho, envio-to por *email*.

4. Podes estudar connosco sempre que **quiseres / queres**.

5. Logo que **vejo / vir** a professora, peço-lhe para adiar o prazo de entrega do trabalho.

6. Quando **poderes / puderes**, traz-me o resumo.

5. Junte as frases com as palavras do quadro. Faça as alterações necessárias.

quando (2x)	enquanto (2x)	
sempre que	assim que	se (2x)

1. Vês a faculdade. Vais mudar de ideias sobre as instalações.

_____

2. Têm dúvidas. Perguntam.

_____

3. Vêm estudar para Coimbra. Ficam numa residência universitária.

_____

4. Não sei a matéria. Não saio à noite.

_____

5. As notas saem. Aviso-te.

_____

6. Vou à biblioteca. Requisito o livro.

_____

7. Não fiz os exames. Não posso ir de férias.

_____

8. Vens ter comigo à faculdade. Podemos almoçar na cantina.

_____

6. Complete as frases com as palavras do quadro.

esclarecimentos	oral	atenção	questões
fotocópias	faltas	diretas	cadeira

1. Só podemos colocar _____ no final da palestra.

2. Não vais às aulas esta semana? Cuidado! Ainda chumbas por _____.

3. Ainda não fizeste a _____ de Literatura Alemã?

4. Amanhã, os alunos vão pedir _____ sobre as notas.

5. Se prestares _____ nas aulas, consegues tirar uma boa nota.

6. Não se esqueçam de tirar _____ deste texto.

7. Em que dia é que calha a _____ de Direito Comunitário?

8. Estou exausto. Fiz duas _____ numa semana.

7. *Presente do Indicativo ou futuro do Conjuntivo? Corrija as frases quando necessário.*

1. Se tirares este curso, vais ficar no desemprego. Pensa bem.

_____

2. Se compra a sebenta na livraria da faculdade, tem um desconto de 5%.

_____

3. Se não faço todas as cadeiras este semestre, vou perder a bolsa.

_____

4. Se anularmos a inscrição até ao final do mês, só perdemos 20% do que pagámos.

_____

5. Se puderes subir a média, por que motivo é que não te esforças?

_____

6. Se passam no exame, vamos comemorar.

_____

7. Se vamos de táxi, chegamos a tempo da conferência.

_____

8. Se quiseres a minha opinião, é melhor deixares essa cadeira para o próximo ano.

_____

8. Siga o exemplo e complete o quadro.

NOME	ADJETIVO
	aplicado
	atento
	qualificado
	competente
	assíduo
o esforço	
	académico
	difícil

9. Complete as frases com as preposições adequadas. Contraia-as com os artigos quando necessário.

1. Preciso _____ ir _____ (a) secretaria.

2. Expliquem _____ (o) Paulo onde fica a faculdade.

3. Já afixaram os resultados _____ (os) exames?

4. Quando entrei _____ a universidade, tinha 18 anos.

5. Os caloiros não gostaram _____ (as) nossas brincadeiras.

6. Que matéria é que vem _____ o exame?

7. Vários grupos _____ caloiros desfilaram _____ (a) avenida.

8. É necessário ter média _____ 19 _____ entrar _____ Medicina.

9. Abriu o concurso _____ as bolsas _____ Doutoramento.

10. O mestrado destina-se _____ recém-licenciados e _____ profissionais _____ (a) área.

11. Alguns alunos terão a oportunidade _____ fazer um estágio _____ seis meses _____ (uma) empresa _____ (o) estrangeiro.

12. Se passares _____ (a) biblioteca, entrega os livros.

13. _____ que universidade se candidatou?

14. _____ que média entraste?

15. Que cursos é que dão mais garantias _____ ingresso _____ (o) mercado _____ trabalho _____ (o) teu país?

10. Descubra e corrija as interferências do espanhol nos comentários.

Texto A

Estou em Lisboa para saber como funcionam as becas ofrecidas pela universidade. Necessito buscar informações sobre os requisitos, os plazos e o tipo de ajuda financeira que dão. Sei que obter uma beca não é fácil, mas vou a intentar.

_____

_____

_____

Texto B

Estudo português há seis meses em Madrid. Acabo de terminar a minha carreira em Relações Públicas e gostava de fazer práticas profissionais em empresas brasileras o portuguesas. Assim que estou interessado em becas para seguir os meus estudos em Portugal.

_____

_____

_____

 11. Ouça os textos corrigidos e compare com as suas versões.

12. Descubra o intruso em cada coluna.

A	B	C
universidade	exame	pedagogia
faculdade	frequência	ensino
instituto	teste	instrução
escola profissional	prova	educação
creche	inspeção	treino

D	E
licenciatura	disciplina
mestrado	cadeira
doutoramento	assento
licença	matéria
bacharelato	cátedra

13. Complete os mandamentos do bom estudante com os verbos do quadro.

~~descarrega~~	~~coloca~~	~~tira~~	~~é~~	~~chega~~	dá ~~(2x)~~	sabe
~~faz~~	chumba	copia	falta	~~tem~~	cabula	

O estudante perfeito...

1. não _____, sabe.

2. nunca _____ às aulas.

3. _____ questões pertinentes.

4. nunca _____.

5. _____ a horas.

6. _____ fotocópias quando pode.

7. compra todos os livros da bibliografia recomendada.

8. não _____ erros. Distrai-se.

9. _____, mas não transcreve.

10. não _____ textos irrelevantes da Internet.

11. nunca _____ falta de material.

12. não _____ graxa aos professores.

13. não _____ diretas antes de um exame.

14. não _____ marrão.

15. _____ a matéria na ponta da língua.

Escreva mais mandamentos.

1. _____

2. _____

3. _____

4. _____

5. _____

14. Um comunicador experiente dá algumas sugestões para fazer uma apresentação bem sucedida. Ouça e tome notas.

_____

_____

_____

_____

_____

_____

_____

15. Corrija as dicas em função do que ouviu.

A. Apresentações em geral

Estrutura

1. Comece por apresentar a estrutura para que o público saiba o que se vai passar.
2. Refira os objetivos e a metodologia utilizada.
3. Faça um resumo longo das informações que vai apresentar.
4. Deixe o público interromper sempre que tiver perguntas.

Interação com o público

1. Defina antecipadamente que tipo de personagem vai ser.
2. Recorra com frequência ao humor para manter a atenção do público.
3. Fale depressa e de forma clara.
4. Seja criativo, claro e sucinto.

B. Apresentação com diapositivos (10 minutos)

1. Escolha um título e/ou um conceito para cada diapositivo.
2. Use entre 20 a 30 diapositivos.
3. Inclua tópicos e frases longas.
4. Use cores fortes como fundo, mas opte por fontes simples como a _Arial_ ou a _Times New Roman_.

16. Selecione a opção adequada em cada frase.

1. Vi-me **chinês / japonês / grego** para fazer esta cadeira.

2. Ele sempre foi um aluno exímio. Fez o curso com **um braço / uma perna / uma mão** às costas.

3. A Matemática sempre foi o meu **cotovelo / tornozelo / calcanhar** de Aquiles.

4. Não percebo por que motivo é que ainda não sabes os verbos. Para mim, é **sopa de feijão / canja / creme de marisco**.

5. Esta investigação vai dar-nos água **pelo bigode / pelo queixo / pela barba**.

6. Relaxa. Estes exames finais são favas **comidas / contadas / compradas**.

17. Corrija os erros ortográficos.

1. Quero fazer carréra na área de Recursos Humanos.

_____

2. Gostava de realizar estudhos de mercado.

_____

3. Estou a tirar um curso em Medio Ambiente.

_____

4. Tenho as competençias necesarias para exercer funções como consultor comercial.

_____

5. Esta licenciatura já tem equivalencia no estrangero.

_____

18. Coloque os acentos necessários.

Biologia

Letras

Engenharia do Ambiente

Ciencias Humanas

Administração

Economia

Direito

Artes Graficas

Psicologia

Autoavaliação 2

A. Classifique de 1 a 10 o grau de dificuldade de cada item da unidade 2.

(1 = muito fácil; 10 = muito difícil)

☐	Gramática	☐	Ouvir e compreender
☐	Vocabulário	☐	Ler
☐	Expressões	☐	Escrever
☐	Fonética	☐	Falar
☐	Ortografia	☐	Pronunciar

B. Gramática

Preciso de rever

_____

_____

C. Vocabulário

Palavras-chave _____

_____

Falsos amigos _____

_____

D. Pronúncia / ortografia

Sons difíceis de compreender	**Sons difíceis de pronunciar**
_____	_____
_____	_____
_____	_____

E. Notas importantes para o meu registo de *Próximos, mas diferentes.*

Português	**Espanhol**
_____	_____
_____	_____
_____	_____

Portugal em **festas.**

COMPETÊNCIAS

- Falar de preferências
- Expressar concessão
- Falar no futuro
- Reforçar ideias
- Compreender oralmente depoimentos, diálogos e entrevista

GRAMÁTICA

- Orações concessivas: *por muito que... / quem quer que* + presente do Conjuntivo
- Orações relativas com o futuro do Conjuntivo
- Presente e futuro do Conjuntivo em orações concessivas com repetição do verbo

VOCABULÁRIO

- Festas e tradições
- Expressões idiomáticas

ENTOAÇÃO, PRONÚNCIA E ORTOGRAFIA

- Rimas

1. O que é...?

1. Comida no pão ou no prato faz as delícias de lisboetas e portuenses.
2. É com este espetáculo que se encerra o São João no Porto.
3. Nome do santo celebrado a 13 de junho em Lisboa.
4. Desfila pela Avenida da Liberdade na noite de 12 de junho.
5. Enterra-se na quarta-feira de cinzas.
6. Acompanha os manjericos.
7. Festa de rua.
8. Nome de sopa típica.

1. _ _ _ _ _ _ _ _
2. _ _ _ _ _ _ _ _ _ _ _ _ _ _ _
3. _ _ _ _ _ _ _
4. _ _ _ _ _ _ _ _ _
5. _ _ _ _ _ _ _
6. _ _ _ _ _ _
7. _ _ _ _ _ _ _
8. _ _ _ _ _ - _ _ _ _ _

2. Complete as frases com os verbos destacados no *futuro do Conjuntivo*.

1. **Vá** aonde _____, encontro sempre alguém conhecido.

2. **Digam** o que _____, não há celebração como a Festa da Flor.

3. **Haja** o que _____, devemos manter certas tradições.

4. **Ouças** o que _____, não te deixes convencer.

5. **Decidam** o que _____, podem contar comigo.

6. **Toquem** a que horas _____, vão animar a festa.

7. **Seja** como _____, não vejo motivo para não irmos a Loulé.

8. **Estejamos** onde _____, teremos todo o gosto em vir às marchas.

3. Siga o exemplo. Complete as frases com os verbos dados.

Exemplos: tu / dizer

Digas o que **disseres**, não há Carnaval como o de Torres Vedras.

1. eu / **estar**

_____ com quem _estiver_, nunca me divirto tanto como tu.

2. nós / **fazer**

_____ como _____, eles vão gostar da surpresa.

3. tu / **pôr**

_____ a máscara que _____, vais causar sensação.

4. ele / **saber**

_____ o que _____, tenho a certeza de que não dirá a ninguém.

5. vocês / **ver**

_____ o que _____ nos ensaios, não contem a ninguém.

6. tu / **vir**

_____ quando _____, podes ficar lá em casa.

4. Complete as frases com os elementos de ligação dados no quadro.

o que (3x)	quando	que horas	a quem
como	qual (2x)	por onde (2x)	quem

1. Seja _____ for a data, quero ver a procissão.

2. Venha _____ vier, terá de pagar para entrar.

3. Doa _____ doer, vou dizer o que sei.

4. Dê _____ der, vamos participar no corso.

5. Digas _____ disseres, no Carnaval ninguém leva a mal.

6. Vás _____ fores, não vais chegar a tempo do desfile.

7. Aconteça _____ acontecer, não se assustem. É só diversão.

8. Sejam _____ forem, a cidade está em festa.

9. Cheguem _____ chegarem, tenho a certeza de que se vão divertir.

10. Haja _____ houver, contem comigo para a folia.

11. Seja _____ for o problema, contactem a organização.

12. Mascares-te_____ te mascarares, o importante é que sintas bem.

5. Complete as frases com os verbos dados no *presente do Conjuntivo*.

1. Por muito que _____, não encontras um traje mais adequado do que este. (procurar)

2. Por muito cansado que _____, vou ao arraial. (estar)

3. Por mais tempo que _____, tenho a certeza de que nunca me esquecerei desta noite. (passar)

4. Por pouco tempo que _____, não deixamos de participar nos ensaios da nossa marcha. (ter)

5. Por muito mal que eles _____ das marchas, o certo é que são sempre muito aplaudidas. (dizer)

6. Por muito difícil que _____, o júri tem de atribuir um prémio. (ser)

7. Por melhor que _____, sabemos que não podemos competir com outros marchantes. (dançar)

8. Por muito caros que os trajes _____, queremos apresentar-nos o melhor que pudermos de modo a honrarmos o nosso bairro. (ficar)

6. Relacione as colunas.

1___   2 ___   3 ___   4 ___   5 ___   6 ___   7 ___   8 ___

1. à borla	a. interessante
2. às quinhentas	b. em grande quantidade
3. a dar com um pau	c. muito tarde
4. fixe	d. gratuitamente
5. ficar na memória	e. animar
6. fazer as delícias de	f. muito cheio
7. à cunha	g. ser inesquecível
8. dar vida a	h. agradar a

7. Ouça e selecione a opção adequada.

A: Como foi a festa?

B: Foi **fatal / brutal / total**!

A: O que é que fizeram?

B: *Corremos as* **lojinhas / capelinhas / igrejinhas** todas.

A: Não me digas que passaram a noite de bar em bar.

B: Claro! Quisemos mostrar ao Peter, à Mary e à Vicky como se festejava o Carnaval em Lisboa. Ainda tentámos entrar **à socapa / à lapa / à sucata** numa das discotecas, mas não conseguimos.

A: E o Bairro estava à pinha, aposto.

B: Estava. O Pires ainda *armou um* **30 / 31 / 32** com um dos porteiros, mas tudo se arranjou.

A: O Pires? Ele é tão pacato.

B: É, mas ontem já *estava com* **um copo / uma caneca / uma chávena** a mais.

A: O Carlos também foi?

B: Não, ainda esperámos **um bocado / uma beca / um beco** por ele, mas ele não apareceu.

A: E os teus amigos divertiram-se?

B: Imenso! A Vicky fartou-se de *dar* **ao pé / à perna / à sola**. E tu não foste a lado nenhum?

A: Não, ainda pensei em *dar* **um passo / um salto / uma corrida** a Alfama, mas acabei por ficar em casa. Não faz mal, para o ano há mais.

8. Complete o quadro com as expressões que encontrou no diálogo. Escreva o significado na coluna da direita.

Expressões	Significado
1._____	_____
2._____	_____
3._____	_____
4._____	_____
5._____	_____
6._____	_____
7._____	_____
8._____	_____

9. Complete as colunas.

VERBO	NOME
animar	
	a máscara
	o divertimento
marchar	
celebrar	
	a festa
desfilar	
	a sátira
	o trapalhão
destacar	
	o disfarce

10. As opiniões sobre a realização das marchas populares não são consensuais. Complete os textos com os verbos no tempo adequado.

Texto A

A meu ver, não _____ (fazer) muito sentido _____ (manter) este tipo de tradições. Em vez de se _____ (gastar) tanto tempo e dinheiro com as marchas populares, _____ (nós / investir) noutros eventos. Era mais interessante _____ (nós / promover) a interculturalidade, por exemplo. _____ (nós / poder) organizar mais festivais de música e de dança lusófona.

A era do arco e do balão já _____ (ter) o seu tempo.

Texto B

É certo que nem todos _____ (partilhar) do meu entusiasmo pelas marchas, mas eu _____ -as (defender). São o resultado de horas de trabalho de anónimos que _____ (dedicar-se) a esta causa por puro amor à cidade e ao bairro sem _____ (ganhar) nada com isso em termos materiais. Nos tempos que correm, toda esta dedicação desinteressada é de louvar. Os marchantes _____ (ensaiar) durante horas seguidas, _____ (confecionar) os trajes e _____ (arranjar) os arcos e os balões só para _____ (encher) o peito de orgulho ao _____ (desfilar) na avenida.

_____ (dizer) o que _____ (dizer), as pessoas _____ (sair) de casa para ver as marchas e _____ -no (fazer) com gosto.

11. Ouça e compare.

12. Ouça e escolha a opção correta.

1. A Laura	a) fez parte do júri das marchas. b) assistiu às marchas. c) participou nas marchas.
2. Há quanto tempo é que é marchante?	a) Há dois anos. b) Há um ano. c) Não se sabe.
3. Quantos bairros lisboetas participam nas marchas?	a) Menos de 20. b) 24. c) 32.
4. Qual foi o tema escolhido?	a) A varina. b) O Fado. c) Outro: _____
5. Qual foi o bairro vencedor?	a) O Castelo. b) Alfama. c) A Lapa.

13. Complete as frases com as preposições adequadas. Contraia-as com os artigos quando necessário.

1. O Presidente da Câmara entregou a chave da cidade _____ (os) Reis.

2. O Carnaval de Torres Vedras atraiu milhares de pessoas _____ (o) centro _____ (a) cidade.

3. A festa começou _____ (as) primeiras horas _____ terça-feira e só acabou _____ (o) dia seguinte _____ (a) manhã.

4. Quem é que participou _____ (o) concurso _____ segunda-feira _____ (a) noite?

5. _____ (o) início _____ (o) dia, ainda se viam alguns foliões _____ (as) ruas.

6. As festas _____ Lisboa decorrem todos os anos _____ (o) mês _____ junho.

7. _____ (a) noite _____ 12 _____ 13 _____ junho, os lisboetas cantam e dançam _____ altas horas _____ (a) madrugada.

8. _____ vários dias, todos têm a oportunidade _____ se divertirem graças às atividades organizadas _____ o efeito.

9. _____ que dias tiveram lugar os festejos?

10. A multidão assistiu _____ entusiasmo _____ (os) desfiles dos carros alegóricos.

11. Todos nos orgulhamos _____ (esta) festa que ajudamos _____ organizar.

12. _____ (esta) altura _____ (o) ano, esforçamo-nos _____ esquecer os problemas e dar largas _____ (a) alegria.

 14. Os manjericos costumam vir acompanhados de quadras. Ouça-as.

Na noite de São João
Lá fui eu ao bailarico
Ela brincou com o meu coração
E eu escondi o manjerico

É noite de Santo António
Estalam foguetes no ar
Põe o manjerico à janela
Vem para a rua dançar

Santo António, Santo António
Ó meu santo casamenteiro
Arranja-me uma moça bonita
Para este moço solteiro

15. Escreva a sua quadra.

_____
_____
_____
_____

16. Complete as palavras com a letra adequada.

A. [s]
ç / ç / s / ss

afi___ionado	anima___ão	senten___a
a___ado	compare___er	re___e___ão
tradi___ão	manifesta___ão	pro___eguir
alfa___inha	cabe___udo	pa___agem

B. [ʃ]
ch / x

___ave	pai___ão	___eiro
lu___o	me___er	mar___ante
fi___a	quei___o	mur___ar
pu___ar	in___ar	___uva

C. [ʒ]
g / j

corte___o	feste___os	an___o
man___erico	ma___estade	conta___iante
exi___ir	vi___ilância	tra___es
ima___em	___ulgar	___untos

Autoavaliação 3

A. Classifique de 1 a 10 o grau de dificuldade de cada item da unidade 3.

(1 = muito fácil; 10 = muito difícil)

☐ Gramática	☐ Ouvir e compreender
☐ Vocabulário	☐ Ler
☐ Expressões	☐ Escrever
☐ Fonética	☐ Falar
☐ Ortografia	☐ Pronunciar

B. Gramática

Preciso de rever

_____

_____

C. Vocabulário

Palavras-chave _____

_____

Falsos amigos _____

_____

D. Pronúncia / ortografia

Sons difíceis de compreender	**Sons difíceis de pronunciar**
_____	_____
_____	_____
_____	_____

E. Notas importantes para o meu registo de *Próximos, mas diferentes*.

Português	**Espanhol**
_____	_____
_____	_____
_____	_____

Rumos.

COMPETÊNCIAS

- Formular hipóteses irreais
- Aconselhar
- Compreender oralmente diálogo e comentários

GRAMÁTICA

- Preposições de tempo (revisões)
- Uso da preposição *a*
- Condicional simples e composto
- Imperfeito do Conjuntivo
- Orações condicionais: *Se* + imperfeito do Conjuntivo + Condicional pretérito / pretérito mais-que-perfeito composto do Indicativo

VOCABULÁRIO

- Imigração / Emigração
- Empréstimos linguísticos
- Estrangeirismos
- Expressões idiomáticas com o verbo *andar*
- Conetores discursivos

PRONÚNCIA E ORTOGRAFIA

- Caça ao erro (portunhol)
- Acentuação gráfica: formas verbais

1. Descubra os erros e corrija-os.

1. A segunda-feira, temos uma entrevista.
2. O meu passaporte caduca no dia 17 de janeiro.
3. Vim para Portugal em verão de 2001.
4. O seu visto é válido a partir do dezembro.
5. Vamos regressar à Ucrânia pela Páscoa.
6. Carimbe estes documentos antes da terça-feira.
7. Os Serviços de Estrangeiros e Fronteiras não estão abertos no fim de semana.
8. Conhecemo-nos no 1986.
9. Tenho uma entrevista na embaixada o 13 de março.
10. Vemo-nos a 20.

2. Reformule as frases, substituindo as palavras em itálico pelos seus correspondentes em português.

passatempo	audição	palavra-passe
êxito de vendas	ramo de flores	cavalheiro

a. Não posso aceder à minha conta. Esqueci-me da minha *password*.

_____

b. Este livro foi um *best-seller* nos anos 90.

_____

c. Quando é que vai ser o *casting*?

_____

d. O Ricardo é um verdadeiro *gentleman*.

_____

e. Deram-me um *bouquet* lindo.

_____

f. O meu *hobby* preferido é fazer ioga.

_____

3. Há palavras para as quais não existe tradução em português. Relacione-as com as áreas lexicais.

backup	pizza	robe	strogonoff	bug	hardware
modem	soutien	pickles	t-shirt	ketchup	collant

Informática	Vestuário	Alimentação

4. Complete as frases com a preposição *a* quando necessário. Faça as contrações adequadas.

1. Vamos _____ fazer a prova de língua daqui a dois meses.

2. Já consultaste _____ o *site* da Associação Ucraniana em Lisboa?

3. Vocês foram _____ o Consulado ontem de manhã?

4. Ainda não preenchi _____ o formulário.

5. Vi _____ o Peter no Serviço de Estrangeiros e Fronteiras.

6. Telefonou _____ o marido para que a viesse buscar.

7. Estou _____ estudar Português há um ano.

8. Nesta foto, estávamos _____ a espera da Maria.

9. O funcionário que atendeu _____ o telefone disse-me que devia entregar _____ o pedido de nacionalidade até segunda-feira.

10. Conheces _____ o cônsul de Portugal?

11. Vais _____ levantar o teu visto hoje?

12. Trouxeram _____ os documentos necessários?

5. Escolha a opção adequada.

1. Se não tivéssemos tantas dificuldades financeiras, não **emigrávamos / tínhamos emigrado**.

2. Se eu soubesse o que sei hoje, não **aceitaria / teria aceitado** trabalhar noutro continente.

3. Se o visto não caducasse este mês, não **dizia / teria dito** nada à minha família. Eu não os queria preocupar.

4. Se te oferecessem um salário melhor, **irias / terias ido** para Luanda?

5. Se não fosse pela minha família, já **vinha / teria vindo** para Portugal há mais tempo.

6. Se desse para melhorar a minha vida, não **hesitaria / teria hesitado** em deixar tudo.

7. Se pudesse voltar atrás, **faria / teria feito** tudo igual.

8. Se tivessem escrito bem o meu nome no processo, a minha situação já **estaria / teria estado** regularizada.

6. Leia as frases e dê conselhos. Use o *condicional simples ou composto*. Substitua as partes sublinhadas por pronomes.

1. O que é que achas? **Falo** ao cônsul dos problemas que tenho tido com o meu pedido de nacionalidade?

   No teu lugar, eu já _____.

2. Dá-me a tua opinião sincera. **Aceito** esta proposta de emprego em Maputo?

   Se fosse a ti, eu já _____.

3. Não sabemos se havemos de **fazer** a prova de língua já este ano.

   É muito cedo. Nós não _____.

4. Será sensato **trazermos** os nossos filhos para Lisboa antes do ano escolar terminar?

   Por enquanto, eu não _____.

5. Vou **emigrar** para os EUA. **Digo** já à minha namorada?

   Tu é que sabes, mas eu não _____.

7. Relacione as colunas.

1 ___   2 ___   3 ___   4 ___   5 ___   6 ___   7 ___   8 ___

1. A Letícia casou-se com um português.	a. Tenho de voltar para o Brasil.
2. Não tínhamos contrato.	b. Deu-me os impressos errados.
3. Cheguei tarde ao SEF.	c. Não regularizámos a nossa situação.
4. Falava mal português.	d. Recusaram-lhe o visto.
5. Ele tinha cadastro.	e. Ficou a viver em Portugal.
6. O funcionário era incompetente.	f. Reprovei na prova de língua.
7. O meu visto caducou.	g. Não podem emigrar para longe.
8. Eles têm dois filhos pequenos.	h. Não tratei do passaporte.

8. Complete a frase.

Se a Letícia não se tivesse casado com um português, _____
_____

9. Formule frases no *Condicional* com as restantes combinações.

1. _____
_____

2. _____
_____

3. _____
_____

4. _____
_____

5. _____
_____

6. _____
_____

7. _____
_____

10. Num dos textos da secção "Entre Nós" encontrámos a expressão "andar aos papéis", que significa "não saber o que fazer".

O verbo "andar" surge frequentemente em expressões idiomáticas. Relacione A com B e descubra o significado de cada uma delas.

1 ___   2 ___   3 ___   4 ___   5 ___   6 ___   7 ___

A	B
1. andar à deriva	a. aproveitar-se do trabalho dos outros
2. deixar andar	b. sentir-se irritado
3. andar com os azeites	c. andar distraído
4. andar com a cabeça na Lua	d. não se preocupar
5. andar para trás	e. não ter objetivos certos
6. andar ao colo de	f. discutir
7. andar às turras	g. retroceder

11. Complete as frases com o verbo adequado.

1. **Dar-se / Levar / Dar**

_____ bem em Portugal, mas resolvemos voltar para o nosso país.

2. **Fazer / Ter / Estar**

Não _____ sentido esperarmos dois anos para obtermos um visto.

3. **Tomar / Levar / Ser**

Acho que os meus colegas não me _____ a sério por ser estrangeiro.

4. **Tornar / Fazer / Voltar**

Vou fazer o que puder para que o meu sonho se _____ realidade.

5. **Ser / Ter / Estar**

Trabalhei mais de vinte anos em Paris, mas a dada altura decidi regressar. Sempre _____ muito agarrado à minha terra.

12. Em cada coluna há um intruso. Descubra-o e corrija-o.

A	B
Devido a	A pesar disso
A causa de	No entanto
Graças a	Contudo
Posto que	Ainda assim
Já que	Todavia

C	D
Em resumo	No que concerne a
Para resumir	Relativamente a
Total	No que diz respeito a
Em suma	Em quanto a
Numa palavra	No que se refere a

 13. Ouça e selecione a opção adequada.

1. O Andreas está	a. na Repartição de Finanças.
	b. nos Correios.
	c. no Serviço de Estrangeiros e Fronteiras.
2. Ele pretende	a. renovar o visto.
	b. trocar o passaporte.
	c. pedir a autorização de residência.
3. O Andreas está em Portugal	a. para trabalhar.
	b. para estudar.
	c. para viver.
4. O funcionário pede-lhe	a. dois documentos.
	b. o talão de pagamento do curso.
	c. só um documento de identificação.
5. O Andreas poderá ficar em Portugal	a. mais um trimestre.
	b. até ao verão.
	c. por mais seis meses.

14. Dois imigrantes falam das suas experiências no fórum. Corrija os erros.

Texto A

Antes de vir para Portugal, tive de pedir dinheiro prestado.
Quando cheguei, não falava ni uma palavra de português. Como também compreendia a gente com dificuldade, intentei aprender a língua.
Todavia me lembro dessa época. Comparti um piso com uma mexicana que conheci numa associação cultural. Era muy simpática.
A vezes, sinto a falta da família, mas quero quedar em Portugal.

Ana, 42 anos

Texto B

Com 18 anos, fui para o Canadá com a minha irmã maior, mas tuve pouca sorte. Entrei com um visado de turista, mas sem contrato não logrei regularizar a minha situação. Depois, voltei para Espanha, onde vivi dez anos.
Estou cá desde há três anos e quero ficar. A crisis é grande, mas felizmente tenho um trabalho estable.

Pablo, 51 anos

Textos	Erros	Correções
Texto A		
Texto B		

 15. Ouça os textos e confirme.

16. Assinale a opção correta.

1. a) preencher b) prencher c) priencher	2. a) formulario b) formulário c) formarío	3 a) propio b) proprio c) próprio
4. a) prova b) prueba c) próva	5. a) emigrante b) emmigrante c) enmigrante	6. a) tolerança b) tolerância c) tolerançía
7. a) estrangeiro b) extrangeiro c) estranjeiro	8. a) aconteçimento b) acontecimiento c) acontecimento	9. a) frontera b) fronteira c) frontéra

17. Com ou sem acento?

1. estivessemos	11. comprasse
2. fosse	12. tinhamos
3. desse	13. dessemos
4. quisessemos	14. teria
5. trouxessem	15. conseguiamos
6. traria	16. punha
7. fariamos	17. obtinhamos
8. tivesses	18. comessem
9. davamos	19. houvesse
10. queriam	20. passassemos

Autoavaliação 4

A. Classifique de 1 a 10 o grau de dificuldade de cada item da unidade 4.

(1 = muito fácil; 10 = muito difícil)

☐	Gramática	☐	Ouvir e compreender
☐	Vocabulário	☐	Ler
☐	Expressões	☐	Escrever
☐	Fonética	☐	Falar
☐	Ortografia	☐	Pronunciar

B. Gramática

Preciso de rever

_____

_____

C. Vocabulário

Palavras-chave

_____

_____

Falsos amigos

_____

_____

D. Pronúncia / ortografia

Sons difíceis de compreender   **Sons difíceis de pronunciar**

_____   _____

_____   _____

_____   _____

E. Notas importantes para o meu registo de *Próximos, mas diferentes.*

Português   **Espanhol**

_____   _____

_____   _____

_____   _____

Oxalá pudesse ir contigo para os Açores!

COMPETÊNCIAS

- Expressar condição, concessão e finalidade
- Relacionar factos no tempo
- Compreender uma entrevista e um testemunho oral

GRAMÁTICA

- Presente *vs* imperfeito do Conjuntivo
- Conjunções e locuções prepositivas e conjuntivas

VOCABULÁRIO

- Mercado de trabalho
- Pares idiomáticos
- Palavras que podem causar confusão
- Falsos amigos

ENTOAÇÃO, PRONÚNCIA E ORTOGRAFIA

- Caça ao erro

1. Selecione a opção adequada.

1. _____ não pareça, há muita gente em situação precária.
    - a) Embora
    - b) Apesar de
    - c) Caso

2. _____ surja alguém com mais experiência, o emprego é seu.
    - a) Salvo se
    - b) Desde que
    - c) A menos que

3. _____ te sintas nervoso na entrevista, não o demonstres.
    - a) Em caso de
    - b) No caso de
    - c) Caso

4. _____ reconheçam o meu valor, vão despedir-me.
    - a) Ainda que
    - b) Mesmo que
    - c) Nem que

5. _____ analisar todos os currículos, não posso tomar uma decisão.
    - a) Até que
    - b) Ao
    - c) Até

6. _____ chegares à empresa, pede à minha assistente para te passar os documentos que recebi.
    - a) Enquanto
    - b) Assim que
    - c) Logo

7. Telefona hoje para o cliente _____ nos dê o seu parecer sobre a campanha.
    - a) para que
    - b) assim que
    - c) por que

8. Pensa bem _____ pedires a demissão.
    - a) antes que
    - b) antes de

2. Com que tempos do *Conjuntivo* se usam as seguintes conjunções e locuções? Assinale com um visto na coluna correta.

	PRESENTE (Ex.: **Faça**)	IMPERFEITO (Ex.: **Fizesse**)	FUTURO (Ex.: **Fizer**)
caso	✓	✓	✗
embora			
ainda que			
exceto se			
nem que			
mesmo que			
enquanto			
mal			
quando			
se			
desde que			
contanto que			
salvo se			
se bem que			

5

3. Complete as colunas com conjunções e locuções com significado semelhante.

A

embora

_____

_____

B

a fim de que

_____

_____

C

a não ser que

_____

_____

D

caso

_____

_____

4. Junte as frases, usando as conjunções e as locuções indicadas. Faça as alterações necessárias.

1. Envia o currículo para várias empresas. Desse modo, tens mais probabilidades de arranjar emprego.

   Para que _____

   _____

2. Primeiro, investiga sobre o historial da empresa. Depois, candidata-te.

   Antes de _____

   _____

3. Prepara-te bem para a entrevista. Tens de causar uma boa impressão.

   _____ a fim de _____

4. Apesar de estar muito nervoso, a entrevista correu bem.

   Embora _____

5. Escolha a opção adequada.

1. Conheces alguém que _____ nos Açores?

   ▢ a) viva   ▢ b) vive   ▢ c) vivesse

2. Procuro um colaborador que _____ Japonês.

   ▢ a) falasse   ▢ b) fale   ▢ c) fala

3. Gostaria que alguém me _____ a razão deste atraso nos pagamentos.

   ▢ a) explicasse   ▢ b) explica   ▢ c) explique

4. Queremos lançar um pacote de férias que _____ desportos radicais. Alguém tem ideias?

   ▢ a) inclui   ▢ b) incluísse   ▢ c) inclua

5. Encontrámos um gestor que _____ quinze anos de experiência.

   ▢ a) tenha   ▢ b) tivesse   ▢ c) tem

6. Relacione as colunas de modo a formar combinações.

1 ___   2 ___   3 ___   4 ___   5 ___   6 ___   7 ___   8 ___   9 ___   10 ___

1. assumir	a. uma entrevista
2. receber	b. uma proposta
3. pedir	c. competências
4. assinar	d. uma função
5. enviar	e. uma responsabilidade
6. desempenhar	f. o CV
7. desenvolver	g. um contrato
8. arranjar	h. a demissão
9. apresentar	i. emprego
10. marcar	j. um aumento

 7. Ouça o diálogo e responda às perguntas.

1. Qual é a situação profissional da Ana?

_____

2. Em que ano é que perdeu o emprego?

_____

3. Em que ramo é que trabalhava?

_____

4. O que é que tem feito?

_____

5. O que é que a angustia mais neste momento? Porquê?

_____

6. O que é que a Ana não se importava de fazer para voltar ao mercado de trabalho?

_____

8. Ouça e complete o perfil da Ana.

	Perfil
Qualificação académica	
Competências profissionais	
Línguas	
Competências sociais	

9. Mais pares idiomáticos...

> Exemplo: Prometeram-me **mundos e fundos**.

Selecione a opção adequada de modo a completar os pares idiomáticos.

1. Andámos por **montes e** _____, mas não encontrámos a empresa.

   ☐ a) montanhas   ☐ b) planaltos   ☐ c) vales

2. Estou muito desiludido. Movi **céu e** _____ sem conseguir resolver o problema.

   ☐ a) mar   ☐ b) terra   ☐ c) nuvens

3. Vocês têm de seguir o progresso dos funcionários **a par e** _____.

   ☐ a) salto   ☐ b) ímpar   ☐ c) passo

4. Não te compreendo. Dizias **cobras e** _____ do Luís e agora são amigos.

   ☐ a) lagartos   ☐ b) víboras   ☐ c) répteis

5. Não te preocupes com as críticas que te fizeram. É impossível agradar **a gregos e a** _____.

   ☐ a) romanos   ☐ b) troianos   ☐ c) espanhóis

6. Por que razão é que estás tão irritado? Para ti, é tudo **oito ou** _____.

   ☐ a) oitenta   ☐ b) oitocentos   ☐ c) oito mil

7. Vocês não podem sair da empresa **sem mais** _____.

    □ a) nem pouco   □ b) nem menos   □ c) sem menos

8. Quando me comunicaram que ia ser despedido, mantive-me **impávido e** _____.

    □ a) tranquilo   □ b) calmo   □ c) sereno

9. Compraram propriedades **a torto e** _____ e agora queixam-se da situação financeira da empresa.

    □ a) à esquerda   □ b) a direito   □ c) a torta

10. Quando assumiu o cargo, dizia que **fazia e** _____. Passaram seis meses e está tudo na mesma.

    □ a) acontecia   □ b) prometia   □ c) dava

11. O Esteves estava fora de si. Foi **o bom e** _____ para o acalmar depois de ele saber da promoção do Rodrigo.

    □ a) o lindo   □ b) o bonito   □ c) o mau

5

10. Escolha a opção correta em cada frase.

1. Quais são os seus pontos **fracos / débeis / frágeis**?

2. **Soldo / Saldo / Salário** ou realização profissional?

3. Sente-se motivado para trabalhar em **equipo / equipa / equipagem**?

4. **No caso de / Caso / Em caso de** fosse necessário deslocar-se ao estrangeiro, teria disponibilidade para o fazer?

5. Que avaliação é que os seus **companheiros / colegas / parceiros** fazem de si?

6. **Desde / Do / De** ponto de vista profissional qual foi o seu maior êxito?

7. Que **mudanças / câmbios / trocas** fez no seu cargo anterior?

8. Que tipo de **tareias / tarefas** considera mais estimulantes?

9. Que **riscos / rasgos / características** gostaria de destacar em si?

10. Quais são os seus objetivos a **largo / longo / cumprido** prazo?

11. Se um colega **enojado / irritado / calmo** o confrontasse, o que é que faria?

12. Quantas vezes meteu baixa **enquanto / entretanto** trabalhava na empresa anterior?

11. Há palavras cujo significado varia de acordo com o contexto em que são utilizadas. Escreva dois exemplos para cada caso.

1. arranjar

_____

_____

2. posto

_____

_____

3. risco

_____

_____

4. vaga

_____

_____

5. baixa

_____

_____

6. secretária

_____

_____

7. despacho

_____

_____

8. quadro

_____

_____

12. Elimine as letras destacadas quando necessário.

a**c**ção	fi**c**ção
ó**p**timo	cara**c**terística
o**p**ção	dire**cç**ão
fa**c**to	ada**p**tar
a**c**tuar	ado**p**tar
rece**p**cionista	produ**c**tor
a**b**surdo	conta**c**to

 13. Ouça as palavras e confirme.

14. Corrija os erros, quando necessário.

éxito

tecnología

financiera

salario

ganar

recessão

economía

portátil

negocios

experiencia

industria

reducir

cualificado

emprendedor

Autoavaliação 5

A. Classifique de 1 a 10 o grau de dificuldade de cada item da unidade 5.

(1 = muito fácil; 10 = muito difícil)

Gramática	Ouvir e compreender
Vocabulário	Ler
Expressões	Escrever
Fonética	Falar
Ortografia	Pronunciar

B. Gramática

Preciso de rever

_____

_____

C. Vocabulário

Palavras-chave _____

_____

Falsos amigos _____

_____

D. Pronúncia / ortografia

Sons difíceis de compreender	**Sons difíceis de pronunciar**
_____	_____
_____	_____
_____	_____

E. Notas importantes para o meu registo de *Próximos, mas diferentes.*

Português	**Espanhol**
_____	_____
_____	_____
_____	_____

Até que a morte nos separe?

COMPETÊNCIAS

- Expressar sentimentos
- Descrever pessoas, relações e modos de agir
- Ouvir e compreender mensagens, testemunho e diálogo
- Relatar discurso

GRAMÁTICA

- Pretérito mais-que-perfeito composto do Indicativo
- Discurso Direto / Discurso Indireto / Discurso Indireto Livre

VOCABULÁRIO

- Família
- Relações pessoais
- Estilos de vida
- Comparações idiomáticas

PRONÚNCIA E ORTOGRAFIA

- Caça ao erro (portunhol)
- l / lh

1. Complete as frases com as palavras do quadro. Atenção! Há três palavras a mais. São falsos amigos.

marido	casal	almas gémeas	parelha	matrimónio
	namorado	alianças	caso	amante
cara-metade	noiva	apaixonado	aventura	casamento

1. Parece que a mulher do Rui descobriu que ele tinha um _____ com uma colega.

2. Ainda me lembro do dia em que o meu _____ me pediu em _____.

3. Pensei que era só uma _____, mas enganei-me.

4. Como é que tu tens a certeza de que ela é a tua _____?

5. Dizemos a mesma coisa ao mesmo tempo, pensamos o mesmo, não há dúvida de que somos _____.

6. Como se chama o _____ da Vera?

7. Nunca supus que ele tivesse uma _____.

8. Naquela altura, ele estava _____ por uma espanhola.

9. Eles fazem um _____ muito bonito.

10. Já encomendámos as _____.

2. Relação harmoniosa (A) ou tensa (B)? O que revelam as seguintes frases?

1. ___ "Amor, vem ver o que preparei para nós."

2. ___ "Querido, passa-me o sal, por favor."

3. ___ "Que coisa! És surdo? É preciso ter o volume do rádio tão alto quando estás a ouvir o relato?"

4. ___ "Já cá faltava. Será que sou sempre eu o culpado de tudo?"

5. ___ "É isso que pensas? Muito bem. Fica na tua que eu fico na minha."

6. ___ "Só tu é que me compreendes."

7. ___ "Não dá para falar contigo. Respondes sempre com duas pedras na mão."

8. ___ "Amo-te tanto."

9. ___ "Não acredito que o meu amorzinho fez o pequeno-almoço outra vez."

10. ___ "Passa à frente. Isto não dá para acreditar!"

3. O Bruno vai casar em breve com a Maria. Ouça as mensagens que dois amigos lhe deixaram sobre os preparativos para o casamento e tome notas.

Mensagem A (Sandra)

_____
_____
_____
_____

Mensagem B (Vasco)

_____
_____
_____
_____

4. O Bruno vai enviar um *email* à noiva sobre as mensagens que ouviu. Escreva-o.

De :	bruno_antunes@hotmail.com
Para :	maria_13@gmail.com
Cc :	
Bcc :	
Assunto :	Mensagens
Anexo :	Anexar

Data: 01/10/2011

☑ Copiar mensagem para a Pasta [Enviadas ▼]   [Enviar] [Guardar rascunho] [Anular]

Amor,

_____
_____
_____
_____
_____
_____
_____

Um beijo,
Bruno

[Enviar] [Guardar rascunho] [Anular]

5. Ouça e complete o diálogo.

A: Parece que estás _____. O que é que se passa contigo?

B: Eu e o Pedro acabámos. Deixámos que a situação se arrastasse, mas chegámos a um _____ em que já não dava mais.

A: Vocês ficaram amigos?

B: Ficámos, _____, de vez em quando, telefono-lhe para saber como é que ele está.

A: É pior quando as coisas acabam a mal. Espero que não estejas _____.

B: Não estou. Se _____ voltar atrás, provavelmente faria o mesmo.

A: Tu, agora, precisas de te distrair. Havemos de combinar uma _____. _____ no fim de semana e vamos jantar fora.

B: Só te _____ um favor: caso vejas o Pedro, fazes de conta que não sabes de nada.

A: Claro. Achas que eu lhe ia dizer alguma coisa?

B: Não quero que muita gente saiba, _____.

A: Fica descansada.

6. Uns dias depois, a Paula conta a uma amiga a conversa que teve com a Sara. Continue o texto.

Encontrei a Sara na semana passada. Ela estava muito abatida.

_____

_____

_____

_____

_____

_____

_____

_____

_____

_____

_____

7. Complete o texto com as preposições adequadas. Contraia-as com os artigos quando necessário.

Antigamente, uma mulher que continuasse solteira depois dos 30 significava que ninguém se interessava _____ ela. Atualmente, se olharmos à nossa volta, verificamos que há cada vez mais mulheres sozinhas _____ opção _____ se preocuparem _____ a opinião alheia.

O que é que mudou _____ os últimos anos? As mulheres redefiniram as suas prioridades e já não têm medo _____ construir o seu próprio caminho _____ _____ isso precisarem _____ uma presença masculina permanente _____ a sua vida.

Algumas decidiram investir _____ a carreira, o que lhes deixa pouco tempo disponível _____ a vida pessoal. Outras são empreendedoras, têm o seu próprio negócio e precisam _____ tempo para o gerir _____ terem _____ se preocupar excessivamente _____ os afazeres domésticos ou _____ as exigências do viver _____ família.

Claro que no grupo das mulheres sozinhas também se incluem as que, _____ um motivo ou _____ outro, se viram forçadas _____ viver _____ a solidão.

Seja como for, o que se verifica é que levam uma vida ativa, centram-se _____ os seus interesses e prioridades _____ se entregarem _____ relações sérias.

Embora esta tendência seja cada vez mais visível tanto _____ Portugal como _____ outros países, é óbvio que as adeptas _____ o amor romântico ainda existem. No entanto, quem se decide _____ o matrimónio, tenta conciliar a carreira _____ a vida familiar, exigindo _____ o cônjuge uma participação ativa _____ as tarefas domésticas e _____ a educação dos filhos.

8. Ouça e assinale V / F.

	V		F
1. A Sofia casou-se há trinta anos.	☐		☐
2. Ela tem tido muitos problemas com o marido.	☐		☐
3. Para ela, o casamento é sagrado.	☐		☐
4. A filha da Sofia é divorciada.	☐		☐
5. O neto da Sofia vive com o pai.	☐		☐
6. Para a Raquel, a felicidade e o casamento são sinónimos.	☐		☐

9. Corrija as informações falsas.

_____

_____

_____

_____

_____

_____

_____

10. Mais comparações idiomáticas! Complete as frases abaixo com as palavras do quadro.

caranguejo	peru	pisco	lesma	raposa	tomate
leão	flecha	alface	rato	texugo	pinto

1. Anda mais depressa! És lento como uma _____.

2. Tens de começar a fazer dieta. Estás gordo como um _____.

3. Não te abras muito com a Maria. Ela é matreira como uma _____.

4. No campo, o Eusébio era rápido como uma _____. Ninguém o apanhava.

5. A terapia de casal não te está a ajudar. A relação está a andar para trás como o _____.

6. Tens de olhar por ti. Estás cada vez mais magra. Comes como um _____.

7. Cheguei à empresa molhado como um _____.

8. Depois daquele desentendimento, ele ficou calado como um _____.

9. Desde que foi promovido, ele anda inchado como um _____.

10. Aquele miúdo é valente como um _____.

11. Quando o vê, fica corada como um _____.

12. Descansei bastante nas férias. Estou fresco como uma _____.

11. "Amor é fogo que arde sem se ver" é um dos versos mais conhecidos da lírica camoniana. Escolha as opções adequadas de modo a reconstruir o poema.

Amor é fogo que arde sem se ver;
é ferida que **sangra / dói / arde** e não se sente
é um contentamento **alegre / triste / descontente**,
é dor que desatina sem doer.

É um não querer mais que bem querer
é um andar solitário entre a gente;
é nunca contentar-se de contente;
é um cuidar que se ganha em se perder.

É querer estar **preso / acorrentado** por vontade;
é servir a quem vence o vencedor;
é ter com quem nos **mata / fere / abraça**, lealdade.

Mas como causar pode seu favor
nos corações **humanos / apaixonados / traídos** amizade,
se tão contrário a si é o mesmo Amor?

 12. Ouça o poema, compare-o com a sua versão e descubra qual dos versos da segunda quadra não está de acordo com o original.

13. Corrija os erros no texto.

Depois de cinco anos juntos, a minha noiva decidiu pôr um punto final na relação.

Durante uns tempos, não consegui aceptar que tinha perdido o amor da minha vida. Andava nervioso, deprimido e desesperado.

Há seis meses, porém, descobri que ela me tinha mentido muitas veces. Foi um choque saberlo, más ajudoume a seguir en frente. Hoje, sou um homem diferente. Não tenho miedo de ser eu mismo e de dizer o que penso e o que quero.

Para mi, cada um de nós é responsable pela sua felicidade. Quem não está bem consigo propio, não pode construir uma relação estável. Há que saber establecer límites entre o que é aceitável e o que é excesivo numa relação.

A pesar de ainda não me sentir a 100%, não perdi a esperanza de casar me e de ter filhos.

 14. Ouça o texto e confirme.

15. Complete as palavras com as letras em falta. Nalguns casos, falta mais do que uma letra.

feli__es

s__portar

aconse__ar

ma__oria

anali__ar

ab__rrecimento

ilus__

apai__onado

a__uda

solt__ro

felicidad__

mu__er

crian__a

separa__ão

sofr__r

16. Ouça e repita.

Lisboa	espanhol
lado	papel
Lua	mil
calado	qual
lindo	salto

17. Assinale as palavras que ouve.

A	B
1. tela	telha
2. velha	vela
3. cala	calha
4. dália	dá-lha
5. molhas	molas
6. falas	falhas
7. malha	mala
8. fila	filha
9. solha	sola
10. colha	cola

Autoavaliação 6

A. Classifique de 1 a 10 o grau de dificuldade de cada item da unidade 6.

(1 = muito fácil; 10 = muito difícil)

☐	Gramática	☐	Ouvir e compreender
☐	Vocabulário	☐	Ler
☐	Expressões	☐	Escrever
☐	Fonética	☐	Falar
☐	Ortografia	☐	Pronunciar

B. Gramática

Preciso de rever

_____

_____

C. Vocabulário

Palavras-chave
_____

_____

Falsos amigos
_____

_____

D. Pronúncia / ortografia

Sons difíceis de compreender	**Sons difíceis de pronunciar**
_____	_____
_____	_____
_____	_____

E. Notas importantes para o meu registo de *Próximos, mas diferentes*.

Português	**Espanhol**
_____	_____
_____	_____
_____	_____

Notícias de **Angola.**

COMPETÊNCIAS

- Identificar marcas culturais de Angola
- Compreender textos informativos
- Resumir informações a partir de notas

GRAMÁTICA

- Voz ativa / voz passiva
- Preposições (revisões)

VOCABULÁRIO

- Atualidade
- Geografia
- Economia
- Sociedade
- Palavras que podem causar confusão

PRONÚNCIA E ORTOGRAFIA

- Revisões:
  [z] / [s]
  [b] / [v]

1. Vai ouvir três notícias. Identifique o tópico de cada uma delas. Em seguida, tome nota das informações mais relevantes.

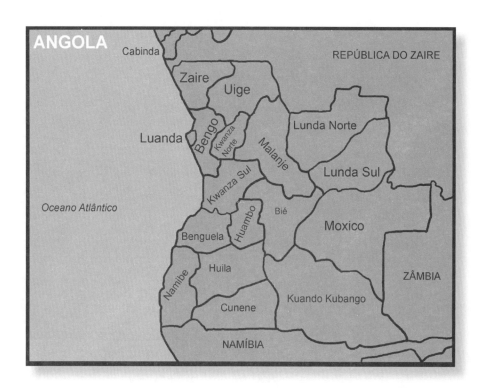

Texto A

O quê?	
Quem?	
Quando?	
Onde?	

Texto B

O quê?	
Quando?	
Onde?	

Texto C

O quê?	
Quem?	
Quando?	
Onde?	

2. Complete com as palavras correspondentes às definições.

1. Bairro pobre de Luanda	_ _ _ _ _ _ _ _
2. Vendedor de rua	_ _ _ _ _ _ _ _ _
3. Transporte público	_ _ _ _ _ _ _ _ _ _ _ _
4. Língua nacional	_ _ _ _ _ _ _
5. Província angolana	_ _ _ _ _ _
6. Recurso natural	_ _ _ _ _ _ _ _
7. Capital	_ _ _ _ _ _
8. Nome de jornal angolano	_ _ _ _ _ _ _ _ _ _
9. Estação de televisão	TV _ _ _ _ _
10. Tempo de divertimento	_ _ _ _ _
11. Moeda angolana	_ _ _ _ _ _
12. Seleção de futebol angolana	_ _ _ _ _ _ _ _ _ _ _ _ _
13. Atração turística	_ _ _ _ _ _ _ _ _ _ _ _ _ _
14. Cerveja (expressão angolana)	_ _ _ _ _ _
15. Dinheiro (expressão angolana)	_ _ _ _ _ _

3. Passe as frases para a voz passiva.

1. O Banco já teria autorizado o empréstimo, se o projeto não fosse tão dispendioso.

_____

_____

2. A construção da nova barragem permitirá o desenvolvimento da região e a criação de mais empregos.

_____

_____

3. Alguns anúncios alertam a opinião pública para temas como a prevenção da SIDA e a delinquência juvenil.

_____

_____

4. Se a nossa empresa oferecer esta formação, teremos funcionários mais qualificados e produtivos.

_____

_____

5. Se não criassem tantos obstáculos à obtenção dos vistos, já teríamos fechado o negócio.

_____

_____

4. Vai ouvir seis frases. Algumas estão na voz ativa, outras na voz passiva. Escreva-as na alínea a).

1. a) _____

   b) _____

2. a) _____

   b) _____

3. a) _____

   b) _____

4. a) _____

   b) _____

5. a) _____

   b) _____

6. a) _____

   b) _____

Agora, passe as frases que estão na voz ativa para a voz passiva e vice-versa. Escreva-as na alínea b).

5. Reformule as frases como no exemplo.

Exemplo: **Distribuíram-se** mosquiteiros pela população.
Foram distribuídos mosquiteiros pela população.

1. Desenvolveram-se vários projetos no âmbito da reconstrução nacional.

_____

2. Fez-se um balanço das medidas tomadas na área da educação.

_____

3. Venderam-se muitos condomínios de luxo este ano.

_____

4. Escreveram-se vários livros sobre a Guerra Colonial.

_____

5. Disse-se muito sobre as condições em que este contrato foi assinado.

_____

6. Complete com o verbo adequado. Conjugue-o no tempo correto.

1. procurar / buscar

a) Fica aí. Vou _____ o carro.
b) Vocês já _____ apartamento em Luanda?
c) A felicidade não se _____, encontra-se.
d) A que horas é que vais _____ a Ana ao aeroporto?

2. achar / pensar / encontrar

a) O que é que _____ do projeto? Não parecias muito satisfeito.
b) Se _____ bem, concluirás que o salário que te ofereceram não compensa. Luanda é uma das cidades mais caras do mundo.
c) Oxalá vocês _____ alguém com quem pudessem trocar impressões sobre a vida numa província com tantas carências.
d) Não _____ em voltar para Portugal nos próximos anos.
e) Apesar de _____ que não temos os apoios necessários, pretendemos levar este projeto para a frente.
f) _____ muito nos amigos que deixámos em Angola. Passámos umas férias incríveis com eles.

3. apanhar / tomar

a) Talvez _____ um táxi quando chegar ao aeroporto.

b) Ao fim de semana, vamos até à praia _____ sol.

c) Quando fomos assaltados, _____ um grande susto.

d) É crucial que a direção _____ uma decisão sobre a empresa.

e) Rui, _____ aquelas folhas que caíram, por favor.

f) Trouxe-te a revista que pediste. _____ .

g) É melhor que ele _____ os comprimidos antes de partir.

h) O guarda-redes dos Palancas Negras _____ a bola a tempo.

i) Esperava-se que o governo _____ medidas mais drásticas.

j) A notícia sobre o surto de malária _____-me de surpresa.

4. atirar / tirar / sacar

a) Apesar de ele _____ fotografias excelentes, estas não ficaram bem.

b) Receava que ele _____ conclusões erradas sobre a minha sugestão.

c) Não _____ a bola dessa maneira. Concentra-te.

d) _____ o casaco.

e) O polícia _____ da arma e disparou.

7. Faça frases com as palavras dadas de modo a exemplificar as diferenças entre elas.

1. enquanto / entretanto

_____
_____

2. todavia / ainda

_____
_____

3. pronto / rápido

_____
_____

4. oferta / promoção

_____
_____

5. agora / já

_____
_____

6. más / mas

_____

_____

7. por causa de / graças a

_____

_____

8. assim que / daí que

_____

_____

8. Siga o exemplo e complete o quadro.

VERBO	NOME
extrair	*a extração*
	o negócio
	o produtor
	o investimento
reconstruir	
contribuir	
	a progressão
exportar	
entreter	
	a prevenção
responsabilizar	

9. Complete as frases com as preposições adequadas. Contraia-as com os artigos sempre que necessário.

1. Os observadores acreditam que o orçamento _____ o país pode suportar os custos trazidos _____ as obras públicas.

2. Estamos seriamente preocupados _____ a propagação _____ os casos _____ malária _____ determinadas regiões _____ o país.

3. Os automobilistas angolanos já têm _____ a sua disposição um sistema GPS que os auxiliará _____ chegarem facilmente _____ o destino. _____ as várias possibilidades existentes, destaca-se a pesquisa _____ ruas e cidades _____ as iniciais e instruções _____ voz.

4. Há vários países europeus interessados _____ apoiar o desenvolvimento _____ as áreas rurais e em participar _____ projetos como o ordenamento _____ o trânsito _____ a capital.

5. Vamos enviar dois colaboradores nossos _____ Angola _____ identificarem potenciais áreas _____ negócio.

10. Ouça e escreva as palavras.

1._____   2._____

3._____   4._____   5._____

6._____   7._____

11. Ouça e marque o som que ouve.

A	[z]	[s]
1		
2		
3		
4		
5		

B	[b]	[v]
1		
2		
3		
4		
5		

12. Pontue as frases.

1. As praias diz o Pedro são fantásticas

2. Inserido na zona nobre da capital o condomínio é constituído por 20 moradias

3. Vou contar-vos o que se passou mas não me interrompam

4. O canal do qual te falei transmite reportagens muito interessantes

5. Investimos muito dinheiro na empresa portanto esperamos bons resultados a curto prazo

6. Estávamos dispostos a participar na formação A direção contudo não aceitou as nossas condições

7. Quando a proposta estiver pronta contactem-nos

8. A seleção angolana perdeu hoje com os Camarões por 2 a 1

9. A Sandra a Rita e o Pedro já assinaram o contrato com uma seguradora angolana

10. Joana aconselho-te a saíres de Luanda ao fim de semana e a visitares outras paragens

11. O Sousa que naquele dia estava sem paciência disse que ia desistir do projeto

12. A Companhia de Teatro anunciou hoje que vai apresentar uma nova peça que exibe temas de cariz histórico e social

13. A banda Muxima lançará no dia 20 o segundo trabalho discográfico

14. O Pedro o nosso melhor aluno conseguiu uma bolsa de estudo

15. Gosto isto é adoro conhecer a História do país através das pessoas que a viveram

7

13. Elimine as vírgulas desnecessárias.

1. As casas estavam, portanto, em péssimo estado.

2. Quisemos ajudá-los a mudar de vida. Já era, porém, demasiado tarde.

3. Aceitamos, sim, a vossa sugestão.

4. Nos musseques, as condições de vida são, realmente, muito precárias.

5. Os jogadores entraram, sentaram-se, e responderam a todas as perguntas.

6. Sofia, elabora o plano de formação, com o Rui.

7. Estamos, sem dúvida, perante um problema social de grandes dimensões.

8. A criança, cuja história te contei, ficou órfã de pai, e mãe aos 3 anos.

Autoavaliação 7

A. Classifique de 1 a 10 o grau de dificuldade de cada item da unidade 7.

(1 = muito fácil; 10 = muito difícil)

☐ Gramática	☐ Ouvir e compreender
☐ Vocabulário	☐ Ler
☐ Expressões	☐ Escrever
☐ Fonética	☐ Falar
☐ Ortografia	☐ Pronunciar

B. Gramática

Preciso de rever

_____

_____

C. Vocabulário

Palavras-chave _____

_____

Falsos amigos _____

_____

D. Pronúncia / ortografia

Sons difíceis de compreender	**Sons difíceis de pronunciar**
_____	_____
_____	_____
_____	_____

E. Notas importantes para o meu registo de *Próximos, mas diferentes*.

Português	**Espanhol**
_____	_____
_____	_____
_____	_____

É golo!

COMPETÊNCIAS

- Falar de desporto
- Ouvir e compreender notícias e comentários desportivos

GRAMÁTICA

- Particípios duplos
- Passiva de estado: *estar* + particípio passado
- Partícula apassivante *se*
- *se* impessoal

VOCABULÁRIO

- Desporto
- *Futebolês*
- Imprensa desportiva
- Gíria futebolística
- Falsos amigos

PRONÚNCIA E ORTOGRAFIA

- Caça ao erro
- r / rr

1. Complete as frases com os particípios passados dos verbos entre parênteses.

1. A transferência do jogador está _____ (envolver) num grande mistério.

2. Quando é que o jogador foi _____ (expulsar)?

3. As medalhas de prata e de ouro foram _____ (entregar) a dois atletas portugueses.

4. Os bilhetes já estão _____ (imprimir)?

5. O novo talento da equipa foi _____ (descobrir) quando tinha apenas 10 anos.

6. A decisão do clube já tinha sido _____ (aceitar) pelos sócios.

7. Depois do treino, estávamos _____ (morrer) de cansaço.

8. O resultado foi _____ (salvar) por um golo a um minuto do final.

2. Ouça e escreva as frases.

1. _____
2. _____
3. _____
4. _____
5. _____
6. _____

3. Reformule as frases anteriores como a alínea 1.

1. "Os prémios foram entregues." ⟶ **Os prémios estão entregues.**
2. _____
3. _____
4. _____
5. _____
6. _____

8

4. De que desporto se trata?

Motocrosse	Ténis	Golfe	Canoagem
Hóquei em patins	Esgrima	Futebol	Natação

1. _____: raqueta, rede, bola

2. _____: relvado, guarda-redes, baliza

3. _____: capacete, mota, fato

4. _____: canoa, colete salva-vidas, remo

5. _____: espada, florete, sabre, máscara, luvas

6. _____: buraco, taco, bola

7. _____: patins, *stick*, caneleiras, joelheiras

8. _____: óculos, calções, fato de banho, touca

5. Relacione as diferentes ações com as modalidades.

> introduzir a bola na baliza com um *stick*
>
> cruzar a meta a correr
>
> acertar a bola em buracos com tacadas
>
> passar a bola por dentro de um cesto
>
> marcar golos na baliza com o pé ou com a cabeça
>
> tocar o adversário com um sabre
>
> imobilizar o adversário
>
> cruzar a meta de bicicleta
>
> ultrapassar, em altura, uma fasquia com a ajuda de uma vara para elevar o corpo

8

1. Basquetebol: _____

2. Maratona: _____

3. Esgrima: _____

4. Luta livre: _____

5. Hóquei em patins: _____

6. Golfe: _____

7. Futebol: _____

8. Ciclismo: _____

9. Salto à vara: _____

6. Qual é o intruso?

A bola	B golo	C cartão
sacar	marcar	mostrar
tirar	falhar	receber
atirar	defender	ver
apanhar	enganar	levar
passar	sofrer	buscar

7. Como se chama quem...

1. pratica vela? _____

2. faz *surf*? _____

3. mergulha? _____

4. pratica judo? _____

5. participa na maratona? _____

6. pratica natação? _____

7. levanta pesos? _____

8. No quadro, encontra alguns exemplos de *futebolês*. Use-os para substituir as partes destacadas nas frases. Faça as alterações necessárias.

pelo seguro	abrir o ativo	formação	calafrio	palmarés
frango	apito final	venenoso	bater	queimar uma substituição

1. **Derrotámos** o adversário por 3-0.

_____

2. No **registo histórico** deste jogador, constam várias medalhas.

_____

3. O treinador **chamou um suplente sem necessidade**.

_____

4. É óbvio que a equipa adversária está a jogar **com cautela**.

_____

5. António Costa **marca o primeiro golo** aos 15 minutos da primeira parte.

_____

6. Esperemos que, depois desta **situação perigosa,** os portugueses reajam.

_____

7. O golo foi uma **falha do guarda-redes**.

_____

8. O penálti foi marcado a um minuto de o **jogo acabar**.

_____

9. Os adeptos já nem puxam pela **equipa** da casa.

_____

10. Depois daquele ataque **perigoso**, o número 7 parece ter perdido o fôlego.

_____

9. Descubra o falso amigo em cada coluna.

A	B
porteiro	disputa
guarda-redes	partido
defesa	partida
avançado	jogo

C	D
calções	pelota
luvas	apito
camiseta	bola
camisola	bandeira

10. Algumas palavras do mundo desportivo também se usam noutros contextos. Faça uma frase com cada uma das palavras abaixo.

1. partida

_____

_____

2. meta

_____

_____

3. cesto

_____

_____

4. frango

_____

_____

5. pancada

_____

_____

6. marcador

_____

_____

7. cruzar

_____

_____

8. título

_____

_____

9. lançamento

_____

_____

10. bater

_____

_____

11. campo

_____

_____

12. taça

_____

_____

11. Complete com as preposições adequadas. Faça as alterações necessárias.

1. Perdemos _____ 2 _____ 0 _____ casa.

2. A bola passou _____ as pernas _____ o avançado.

3. A atleta portuguesa chegou _____ a meta _____ um grande avanço _____ a sua maior adversária.

4. Milhares de adeptos assistiram _____ o jogo _____ o estádio.

5. Portugal precisa _____ marcar um golo _____ assegurar a passagem _____ a final.

6. O árbitro não hesitou _____ mostrar o cartão amarelo _____ o número 9.

7. _____ se tornar membro _____ o clube tem _____ fazer um exame médico.

8. O jogador foi examinado _____ uma equipa médica que lhe diagnosticou uma lesão _____ o ombro esquerdo.

8

12. Ouça os textos e tome nota dos aspetos mais relevantes.

Texto 1

Modalidade:
_____

Desempenho da equipa:
_____
_____

Expectativas:
_____
_____

Texto 2

Avaliação do jogo:
_____
_____

Expectativas:
_____
_____

Texto 3

Modalidade:
_____

Clubes:
_____

Desempenho da equipa:
_____
_____

Expectativas:
_____
_____

13. Ouça novamente. Complete o quadro com as expressões utilizadas em cada texto.

Avaliação positiva	Avaliação negativa
_____	_____
_____	_____
_____	_____
_____	_____
_____	_____
_____	_____

14. Escolha um dos textos e escreva um resumo do que se passou.

15. Corrija os erros quando necessário.

basquetbol: _____

defensa: _____

deportista: _____

futbolista: _____

pase: _____

regla: _____

árbitro: _____

goles: _____

repetição: _____

sustituir: _____

jugada: _____

torneo: _____

ataque: _____

punto: _____

empate: _____

derrotar: _____

vencer: _____

equipo: _____

16. Ouça e escreva as palavras.

1. _____

2. _____

3. _____

4. _____

5. _____

6. _____

7. _____

17. Coloque os acentos necessários.

ginasio

transferencia

triunfo

adversario

altitude

podio

baliza

Autoavaliação 8

A. Classifique de 1 a 10 o grau de dificuldade de cada item da unidade 8.

(1= muito fácil; 10 = muito difícil)

☐ Gramática		☐ Ouvir e compreender	
☐ Vocabulário		☐ Ler	
☐ Expressões		☐ Escrever	
☐ Fonética		☐ Falar	
☐ Ortografia		☐ Pronunciar	

B. Gramática

Preciso de rever

_____

_____

C. Vocabulário

Palavras-chave _____

_____

Falsos amigos _____

_____

D. Pronúncia / ortografia

Sons difíceis de compreender	**Sons difíceis de pronunciar**
_____	_____
_____	_____
_____	_____

E. Notas importantes para o meu registo de *Próximos, mas diferentes*.

Português	**Espanhol**
_____	_____
_____	_____
_____	_____

8

Oi! Tudo bem?

COMPETÊNCIAS

- Nomear aspetos da cultura brasileira
- Reconhecer marcas do Português do Brasil
- Ouvir e compreender explicações

GRAMÁTICA

- Gerúndio simples
- *Ir* + Gerúndio

VOCABULÁRIO

- Português do Brasil / Português Europeu

ORTOGRAFIA

- Palavras compostas

1. Teste a sua memória. Responda às perguntas sobre alguns dos tópicos tratados no Livro do Aluno.

1. Em quantas regiões se divide o Brasil?

_____

2. Como se designa um natural do estado de Espírito Santo?

_____

3. Escreva o nome de dois pratos típicos da região do Nordeste.

_____

4. Que deusa é homenageada pelos baianos?

_____

5. Além do samba, que outros géneros musicais se dançam nos festejos carnavalescos?

_____

6. Dê dois exemplos da influência da cultura africana no Brasil.

_____

2. Siga o exemplo.

> Exemplo: **Sendo** brasileiro, adora uma peladinha.
> **Como** é brasileiro, adora uma peladinha.

1. Passando uns dias no Nordeste, vais compreender por que razão é que eu adoro aquela região. (quando)

   _____

   _____

2. Indo ao Rio de Janeiro sozinha, tens de ter muito cuidado à noite. (se)

   _____

   _____

3. Sobrevoando o Brasil, apercebemo-nos das saudades que tínhamos dos nossos amigos. (ao)

   _____

   _____

4. Mesmo não tendo guia, conseguimos visitar sítios pouco turísticos. (embora)

   _____

   _____

5. Respondendo à tua pergunta, o candomblé é uma forma de culto com raízes ancestrais. (para)

   _____

   _____

3. Complete as frases com o verbo *ir* + *Gerúndio*. Conjugue-o no tempo adequado.

1. A: Já são quase oito horas.

   B: Eu sei. _____ (pôr) a mesa enquanto eu acabo o jantar.

2. A: Só falta uma hora para eles aterrarem.

   B: É melhor vocês _____ (andar) para o aeroporto.

3. Enquanto esperamos pela Rita, tu podes _____ (fazer) as malas.

4. Ele foi tão convincente que nós_____ (acreditar) na história.

5. Com o tempo, nós _____ (habituar) à vida no Rio. Agora, já nos sentimos em casa.

4. Leia os diálogos. Sublinhe as marcas do português do Brasil.

Diálogo A

Lojista: Pois não?
Maria: Bom dia. Queria ver aquele paletó.
Lojista: Aquele preto que está na vitrine?
António: Sim. Tem noutras cores?
Lojista: Esse paletó tem em azul-escuro e cinza.
António: Me dê em azul, por favor.

5 minutos depois

António: O que acha, meu bem?
Maria: Acho ótimo. Fica muito bem em você.
António: Vou levar.
Lojista: Mais alguma coisa?
António: Não. Posso pagar com cartão de crédito?
Lojista: Não, só à vista.
Maria: Edson, você tem meu celular?
António: Não.
Maria: Vai ver que o deixei no *shopping* quando fui no banheiro.
António: Tenha calma. Vem comigo. Te dou uma carona.

Diálogo B

Gerente: Boa tarde. O meu nome é José. Eu sou o encarregado da loja.
Vera: Boa tarde. Me chamo Vera. Prazer.
Gerente: Precisamos de alguém com muita experiência para as horas de maior movimento. Tem experiência no ramo?
Vera: Já trabalhei como garçonete faz uns dois anos. Depois fiquei sem emprego e...
Gerente: Vou ver o que posso fazer. Já conhece a cidade?
Vera: Sim. Tenho uma amiga muito bacana que me mostrou um pouquinho desta cidade maravilhosa.
Gerente: Bem, vou dar-lhe uma oportunidade. Pode começar na segunda-feira?
Vera: Claro! Que legal! Você não pode imaginar a alegria que sinto.

5. Relacione as colunas.

Português do Brasil	Português Europeu
1. *shopping*	a. empregada de mesa
2. paletó	b. em dinheiro
3. vitrine	c. casa de banho
4. à vista	d. fato
5. celular	e. centro comercial
6. banheiro	f. boleia
7. carona	g. montra
8. garçonete	h. telemóvel

6. Reescreva as frases na variante do português europeu.

1. Esse paletó tem em azul-escuro e cinza.

_____

2. Me dê em azul, por favor.

_____

3. Pois não?

_____

4. O que acha, meu bem?

_____

5. Vai ver que o deixei no *shopping* quando fui no banheiro.

_____

6. Te dou uma carona.

_____

7. Me chamo Vera.

_____

8. Trabalhei como garçonete faz uns dois anos.

_____

7. A. Português do Brasil (PB) ou português europeu (PE)?

_____ 1. Me vê uma caipirinha, por favor.

_____ 2. Vamos no cinema?

_____ 3. Estou, Rui? Estou quase a chegar a casa.

_____ 4. Estou adorando Lisboa.

_____ 5. Você viu o meu telemóvel?

_____ 6. Tudo bem com você?

_____ 7. Onde é que está o teu carro?

_____ 8. Tenho um presentinho para vocês.

_____ 9. Pedro, você me faz um favor?

_____ 10. Mostra-me as fotografias de Salvador.

_____ 11. Nós gostaríamos muito de aceitar seu convite.

_____ 12. Qual é seu endereço?

_____ 13. Lembras-te da minha amiga Nina?

_____ 14. Você me dá uma carona, meu bem?

_____ 15. Não estou entendendo nada.

B. Passe as frases no português do Brasil para o português europeu.

_____

_____

_____

_____

_____

_____

_____

_____

_____

_____

_____

_____

_____

_____

_____

8. Ouça e complete o diálogo.

A: Como foi a tua _____ no Rio?

B: Correu bem.

A: Estava _____ contigo. Enviei-te duas mensagens, mas não me respondeste.

B: Não levei o telemóvel. Quando precisava de telefonar, ia ao _____.

A: Ao _____?

B: Sim, à cabine.

A: Não sabia que cabine se dizia orelhão.

B: _____, não é? Essa foi uma das palavras que aprendi por lá. Se eu disser que tomei um _____ numa _____, percebes?

A: Essa é fácil. Significa que bebeste uma imperial num *snack-bar*.

B: Correto! E há mais... o que é que um _____ tem a ver com uma _____?

A: Não sei...

B: Nada. É a mesma coisa que eu te perguntar: "o que é que um canalizador tem a ver com uma _____ _____?"

A: Já conhecia algumas diferenças como _____, geladeira...

B: Isso é porque vês muitas telenovelas brasileiras. Há sempre alguém que vai apanhar o _____ ou que vai buscar alguma coisa ao _____.

A: E que tal deixarmos o vocabulário e irmos beber um café?

B: Queres ir beber o café numa _____ ou numa _____?

A: Brincalhão!

9. Escreva os equivalentes das palavras dadas no português europeu.

1. orelhão

_____

2. lanchonete

_____

3. chope

_____

4. encanador

_____

5. locadora

_____

6. ônibus

_____

7. geladeira

_____

8. xícara

_____

10. Complete a receita da feijoada com as palavras do quadro.

pé	de carne	folha	colher	dentes	orelha
cebola	de vaca	porco	toucinho	preto	

Ingredientes

1 kg de feijão preto

1 _____ (de sopa) de banha

250 g de carne _____

500 g de carne seca

400 g de _____ salgado

200 g de paio

150 g de chouriço _____

150 g de chouriço _____

1 _____ de porco

1 rabo de porco

1 _____ de porco

150 g de _____ fumado

1 _____ grande

4 _____ de alho

1 _____ de louro

Sal e pimenta

11. Complete o texto com os verbos conjugados no modo adequado. Atenção aos pronomes!

Modo de Preparação

Ponha o feijão de molho de um dia para o outro.

_____ (preparar) as carnes e _____ (deixar / elas) também de molho. _____ (mudar) a água várias vezes. _____ (cozer) o feijão e as carnes à parte. O feijão deve _____ (cozer) em água temperada com sal. _____ (cortar) a cebola e _____ (picar / ela) finamente. _____ (alourar / ela) na banha com os alhos picados e o louro. _____ (acrescentar) 3 colheres de sopa de feijão cozido e um pouco do caldo da cozedura do feijão ao refogado. Em seguida, _____ (triturar) tudo. _____ (adicionar) o restante feijão e as carnes. _____ (deixar) apurar durante 20 minutos. _____ (verificar) o tempero e _____ (retificar), se necessário. Entretanto, _____ (preparar) o molho. _____ (pisar) uma cebola, um dente de alho e _____ (temperar) tudo com sal e pimenta. Se _____ (querer) um molho picante, _____ (picar) 50 g de malaguetas e _____ (adicionar) ao preparado. _____ (juntar) a salsa picadinha, o sumo de um limão e _____ (regar) com três colheres de sopa de azeite. _____ (cortar) as carnes e _____ (dispor / elas) numa travessa. _____ (servir) com arroz branco e farinha de mandioca.

12. Relacione A com B de modo a formar palavras compostas.

A	B
1. abre	marido
2. azul	noturno
3. quinta	chaves
4. recém	pisca
5. amor	marinho
6. salva	perfeito
7. pisca	lei
8. decreto	latas
9. porta	nascido
10. guarda	presidente
11. ex	feira
12. vice	vidas

1. _____

2. _____

3. _____

4. _____

5. _____

6. _____

7. _____

8. _____

9. _____

10. _____

11. _____

12. _____

Autoavaliação 9

A. Classifique de 1 a 10 o grau de dificuldade de cada item da unidade 9.

(1 = muito fácil; 10 = muito difícil)

Gramática	Ouvir e compreender
Vocabulário	Ler
Expressões	Escrever
Fonética	Falar
Ortografia	Pronunciar

B. Gramática

Preciso de rever

_____

_____

C. Vocabulário

Palavras-chave

_____

_____

Falsos amigos

_____

_____

D. Pronúncia / ortografia

Sons difíceis de compreender	**Sons difíceis de pronunciar**
_____	_____
_____	_____
_____	_____

E. Notas importantes para o meu registo de *Próximos, mas diferentes*.

Português	**Espanhol**
_____	_____
_____	_____
_____	_____

Em cartaz.

COMPETÊNCIAS

- Compreender testemunhos orais
- Resumir informações a partir de textos orais
- Formular hipóteses
- Relacionar factos no tempo
- Expressar condição, concessão e finalidade

GRAMÁTICA

- Pretérito mais-que-perfeito do Conjuntivo
- Orações condicionais (revisões)
- Conetores (revisões)
- Preposições

VOCABULÁRIO

- Géneros musicais
- Festivais de música
- Espetáculos

PRONÚNCIA E ORTOGRAFIA

- Revisões

1. Dois portugueses falam sobre as suas preferências musicais. Ouça e complete o quadro.

	Texto 1	Texto 2
Música portuguesa		
Música internacional		

 2. Ouça novamente o primeiro comentário e complete as frases.

1. Embora _____ música portuguesa, o Bernardo _____

2. Quando era mais novo, ele _____

3. Quando fez parte de uma banda, _____
_____

4. Relativamente aos cantores portugueses que cantam em inglês, _____
_____

5. O Bernardo vai pouco aos festivais de música porque _____
_____

3. Resuma o segundo comentário.

_____

_____

_____

_____

_____

4. Formule hipóteses como no exemplo.

Exemplo: Só cantavam em inglês. Não tiveram sucesso no mercado nacional.
Se não _cantassem_ só em inglês, _teriam tido_ sucesso no mercado nacional.

1. O estúdio estava fechado. Não gravámos.
   Se _____

2. Não houve apoios. O álbum não foi lançado.
   Se _____

3. Só fizeram uma digressão. São pouco conhecidos.
   Se _____

4. Ele gosta do nosso estilo musical. Apoiou todos os nossos projetos.
   Se _____

5. Dá-me o número do estúdio. Marco as gravações.
   Se _____

6. O vocalista saiu. A banda acabou.
   Se _____

7. Tens vontade de ouvir Fado. Vai a Alfama ou ao Bairro Alto.
   Se _____

8. Faz como eu te disse. Arranjas onde ficar nos dias do festival.
   Se _____

10

5. Corrija as palavras destacadas quando necessário.

1. **Apesar de** goste muito destas bandas, não tenho dinheiro para comprar o passe para ir ao festival.

   _____

2. **Ainda que** o fado esteja novamente na moda, não é um género que eu aprecie.

   _____

3. **Mesmo que** tenha de ficar numa tenda, podes ter a certeza de que este ano vou a Paredes de Coura.

   _____

4. **Antes de** compres os bilhetes, verifica se tens vaga no parque de campismo.

   _____

5. **No caso de** saibas de uma forma mais barata para ir ao concerto, diz-nos.

   _____

6. **Embora** serem uma banda muito conceituada em Portugal, continuam a ser desconhecidos no estrangeiro.

   _____

7. **Quando** estiver na costa alentejana, vou aproveitar para conhecer as praias da região.

   _____

8. **Assim que** vieres do Porto, levo-te a uns bares muito interessantes em Lisboa.

   _____

6. Complete as frases com os verbos no *Indicativo*, *Conjuntivo* ou *Infinitivo Pessoal*.

1. Organizar

a) Gosto que _____ festivais no Norte.

b) Gostava que _____ festivais no Norte.

c) Gostei que _____ o festival no Norte no ano passado.

2. Haver

a) Se _____ algum contratempo, avisem-nos.

b) _____ o que _____, tu sabes que podes contar comigo.

c) Caso _____ algum atraso, teremos dificuldade em cumprir o programa.

3. Pôr

a) Caso vocês _____ este álbum à venda pelo Natal, é mais do que certo que vai entrar no *Top* de vendas.

b) Se nós não _____ este cartaz em vários pontos da cidade, não teria havido tanta adesão por parte do público mais jovem.

c) Antigamente, _____ as tendas no recinto do festival.

4. Ir

a) Se _____ para Paredes de Coura na sexta e ficarem até domingo, podem aproveitar para conhecer melhor o Minho.

b) E se _____ ver os The Gift ao vivo?

c) Caso _____ à livraria, pergunta se o DVD já está à venda.

5. Saber

a) Assim que _____ o que a editora achou do CD, liga-me.

b) Quando _____ que o concerto tinha sido cancelado, fiquei desiludido.

c) Não fizemos a digressão por não _____ em que condições íamos atuar.

6. Trazer

a) Preciso que _____ a tua guitarra amanhã.

b) Esperávamos que ele _____ um novo elemento para a banda, mas não o fez.

c) _____-me as letras que escreveram.

7. Ver

a) No caso de _____ a Rita, diz-lhe que estamos a contar com ela para os ensaios.

b) Caso _____ a Marta, peça-lhe que nos telefone.

c) Se _____ o Pedro, falem-lhe do nosso projeto.

8. Vir

a) Caso _____ a Portugal em agosto, levamos-te ao Porto.

b) Se _____ a Portugal em agosto, levava-a ao Porto.

c) Se _____ a Portugal, tínhamos-vos levado ao Porto.

9. Querer

a) Ele não _____ vir connosco. Preferiu ficar em Lisboa.

b) Como eu também _____ ver os Xutos, o bilhete ficou em 40 euros.

c) Quando _____ ir aos festivais de verão, digam-me com antecedência.

10. Estar

a) Embora _____ vazio hoje, costumam passar boa música neste bar.

b) Se _____ aborrecido entre os dias dos concertos, vai aos petiscos.

c) Ele disse-me que telefonava assim que _____ no Alentejo.

11. Cancelar

a) Oxalá não _____ novamente o festival.

b) Oxalá não _____ o festival. Tive muita pena.

c) Oxalá não _____ o festival, mas é o que vai acontecer.

12. Dar

a) Mesmo não _____ para ver todos os concertos, fico contente por ir à abertura do festival.

b) Embora não me _____ muito jeito, prometo que vou assistir aos vossos ensaios.

c) Apesar de não _____ para letrista, acho que até consegui fazer um bom trabalho desta vez.

7. Reformule as frases. Comece como indicado.

1. Caso o Carlos traga a tenda, podemos acampar no recinto do festival.

   Se _____

   _____

2. Apesar de não sabermos se os Xutos vão atuar, pensamos ir ao primeiro dia do Rock in Rio.

   Ainda que _____

   _____

3. Dou-te boleia até à Zambujeira desde que me prometas que trazes o carro quando voltarmos para Lisboa.

_____ na condição de _____

_____

4. Cancelaram a atuação por não haver público suficiente.

_____ porque _____

_____

5. No caso de arranjares mais bilhetes, avisa-nos.

Se _____

_____

6. Organizámos tudo de modo a que não houvesse problemas durante o festival.

_____ de modo a _____

_____

7. Sem terem as datas exatas, será difícil assegurarmos o estúdio.

Sem que _____

_____

8. Quando subiram ao palco, foram muito aplaudidos.

Ao _____

_____

9. Basta saberem que o vocalista saiu da banda para cancelarem o concerto.

Basta que _____

_____

10. Até a programação sair, ninguém vai confirmar a presença na festa.

Até que _____

_____

11. Não tomes nenhuma decisão antes de eles falarem com o vocalista da banda.

_____ antes que _____

_____

12. Não aceitei o convite. Não foi por falta de vontade, mas por falta de tempo.

_____ não porque _____

_____ mas porque _____

8. Complete com as preposições adequadas. Faça as alterações necessárias.

Com o verão, chega a dúvida _____ o costume: _____ que festival vou este ano? Não fosse _____ o preço _____ os bilhetes, tal pergunta não teria razão _____ ser. Como qualquer festivaleiro que se preze, eu sei as datas e os locais _____ cor _____ recorrer _____ a agenda _____ bolso.

_____ que se deve esta febre musical que seduz milhares e os conduz _____ os recintos que se espalham _____ todo o país?

_____ revisitarmos o historial deste fenómeno _____ Portugal, temos _____ recuar _____ 1970, o ano _____ que se realizou o pioneiro Vilar de Mouros. _____ então, outros foram surgindo, dando visibilidade _____ a produção nacional e _____ grandes nomes _____ a cena musical internacional.

Já assisti _____ muitos concertos _____ vivo, já dormi muitas noites _____ um céu estrelado, mas se tivesse de escolher um festival, o meu voto iria, _____ sombra _____ dúvida, _____ o Sudoeste.

Reconhecido _____ muitos como o festival _____ os festivais, o Sudoeste atrai milhares _____ a Zambujeira do Mar. O motivo _____ o qual se tornou uma referência incontornável deve-se _____ a variedade _____ géneros musicais apresentados. _____ o reggae _____ o hip hop, passando _____ a música eletrónica até às atuações _____ fadistas como Mariza e Camané, o público respeita-o e venera-o _____ a sua versatilidade.

_____ aqueles que já se cansaram _____ acampar na animada herdade alentejana, onde se situa o espetáculo, existem bastantes opções _____ alojamento _____ as imediações.

9. Complete o quadro com adjetivos.

NOME	ADJETIVO
o fulgor	
a vertigem	
o espetáculo	
a memória	
a concorrência	
o aborrecimento	
o fracasso	
o engenho	
o aplauso	
a surpresa	

10. Complete com as letras em falta.

A. [s]

ç / ç / s / ss / x

atua___ão	lan___amento
pa___ar	entrela___ar
pró___imo	a___istên___ia
trou___e___e	can___ar
pe___a	po___uir

B. [z]

z / x / s

e___emplo	a___áfama
e___istência	pu___este
anali___ar	fa___ear
e___agero	e___ultar
e___atidão	ob___équio

C. [ʃ]

ch / s / x / z

bai___ista	en___er
in___trumento	e___cecional
e___colha	orque___tra
e___traordinário	ca___tiço
tra___	palco___

D. [ʒ]

j / g

vestí___ios	homena___ear
ha___a	le___ível
presti___iado	a___udar
sur___ir	alo___amento
arran___o	a___ente

Autoavaliação 10

A. Classifique de 1 a 10 o grau de dificuldade de cada item da unidade 10.

(1 = muito fácil; 10 = muito difícil)

☐ Gramática	☐ Ouvir e compreender
☐ Vocabulário	☐ Ler
☐ Expressões	☐ Escrever
☐ Fonética	☐ Falar
☐ Ortografia	☐ Pronunciar

B. Gramática

Preciso de rever

_____

_____

C. Vocabulário

Palavras-chave

_____

_____

Falsos amigos

_____

_____

D. Pronúncia / ortografia

Sons difíceis de compreender	**Sons difíceis de pronunciar**
_____	_____
_____	_____
_____	_____

E. Notas importantes para o meu registo de *Próximos, mas diferentes*.

Português	**Espanhol**
_____	_____
_____	_____
_____	_____

0 Bem-vindo!

1.

A: O que é que estás a fazer?
B: Estou a atualizar as minhas preferências no *Facebook*. Já inseri um livro do Lobo Antunes.
A: Eu continuo a preferir o Fernando Pessoa.
B: Mas tu já consegues ler Pessoa?
A: Já. Compreendo quase tudo.
B: As dicas da tua professora de português também te ajudaram muito.
A: Sem dúvida. Era tão exigente connosco. Tínhamos de saber os verbos na ponta da língua.
B: Mas valeu a pena.
A: Valeu. Olha, vais incluir algum filme português nos teus favoritos?
B: Não. Dos poucos filmes que vi, confesso que só gostei do "Alice".
A: Vou trazer-te "Os Capitães de Abril". Está muito bem feito.
B: A Rosa também me falou dele.
A: A Rosa? Mas ela já vê filmes em português?
B: Vê. É incrível. Ela só está em Portugal há meses e já dá à língua em português.
A: Em português ou em portunhol?
B: Em portunhol... Não há meio de a convencer a estudar português como deve ser.
A: Eu sei. Gastei tantas vezes o meu latim com ela por causa disso.
B: Mudando de assunto, a Mariza vai dar um concerto no dia 18. Queres ir?
A: Não sou grande fã da Mariza. Prefiro a... como é que ela se chama? Tenho o nome debaixo da língua...
A: É fadista?
B: É. Cantou com o Prince e o Mick Jagger...
A: Então, deve ser a Ana Moura.
B: Exatamente! Adoro a voz dela. Mas diz-me uma coisa, já decidiste se vais ficar em Lisboa?
A: Adorava, mas não está fácil arranjar emprego.
B: Tu devias tentar no Porto. Eu não me importava nada de morar lá durante uns tempos.
A: Conheço mal o Porto, mas, uma coisa é certa, sempre ficava mais perto de Vigo.
B: Pois ficavas. Pensa nisso.

	Carla	Pablo
Escritor	Fernando Pessoa	Lobo Antunes
Filme	Os Capitães de Abril	Alice
Cantora	Mariza	Ana Moura
Cidade	Lisboa	Porto

2. 1. a)   2. c)   3. b)   4. c)

3.
a) Em que dia começam **as** tuas aulas?
b) **Viste** a minha borracha?
c) A escola **é/fica** na rua António Pedro.
d) Conheci **o** professor na semana passada.
e) A que **horas** sais?
f) **No** sábado, fomos **de** carro para a praia.
g) Vamos estudar as regiões **de** Portugal.
h) Vi **o** Pedro **no** domingo **de** manhã.

4. 1. b)   2. a)   3. c)   4. b)   5. b) / c)

Soluções e transcrições

5.
1. Quais são os seus objetivos?
2. Quando é que começou a estudar?
3. Em que áreas tem mais dificuldades?
4. Em que sons é que tem mais dificuldades?
5. O que é que gosta de fazer nas aulas?
6. Sente-se nervoso quando fala?
7. O que é que o aborrece?
8. Onde é que vai estudar?

6/7.

Hoje **de** manhã, levantei-me cedo, tomei o pequeno-almoço e saí logo **de** casa. Como não sabia onde ficava a escola nem quanto tempo ia levar até lá, decidi não ir **de** transportes e apanhei um táxi **para** a Baixa. Andei **durante** 10 minutos **até** encontrar a rua. Quando cheguei, encontrei uma fila **de** alunos **à** entrada. Esperei 10 minutos **pela** minha vez. Pediram-me **para** preencher uma ficha e indicaram-me a sala. Em seguida, fiz um teste e colocaram-me **no** nível B1.
Tenho colegas **de** várias nacionalidades que estudam português **por** diversos motivos. Uns **por** prazer e outros **para** poderem trabalhar **em** Portugal ou **no** Brasil. Depois da aula, vim **de** metro **para** casa. Afinal, a escola era pertíssimo **do** metro.

8.
1. lerem
2. chegarmos
3. avaliarem
4. ter
5. pronunciarmos
6. saberem

9.
1. Comparamos os horários antes de escolhermos o instituto.
2. No caso de teres dúvidas, pede explicações ao professor.
3. Dirijam-se à receção a fim de se inscreverem.
4. Depois de fazeres o teste de colocação, atribuem-te um nível.
5. Assista à primeira aula de modo a decidir se o nível é adequado para si.
6. Apesar de ainda não dominarmos a gramática, conseguimos comunicar.

10.
1. É aconselhável fazerem os trabalhos de casa.
2. É fundamental ouvir o CD.
3. É importante tomarmos notas nas aulas.
4. É recomendável praticares com falantes nativos.
5. É interessante irem a palestras.
6. É pena não haver cursos no horário pós-laboral.

11.
1. É bom que tenham uma ideia dos conteúdos do curso.
2. Embora não tenhamos muito tempo, nunca faltamos às aulas.
3. Caso queiram mudar de horário, devem falar com a coordenadora.
4. Nenhum aluno passa de nível sem que faça um teste.
5. Damos o nosso melhor para todos os alunos se sentirem satisfeitos.
6. Até que possas fazer o exame, tens de saber as expressões que estudámos.
7. É importante saberem com o que podem contar até ao final do curso.
8. No caso de não falar bem português daqui a um mês, não poderei arranjar um emprego.
9. Convém que passem pela receção antes das 13h.
10. Basta que consultes o glossário lexical para compreenderes as diferenças.
11. Nesta fase inicial, é preferível que escrevam frases curtas, mas corretas.
12. Pratico diariamente com o Juan para ele melhorar a pronúncia.
13. É melhor fazerem um teste de diagnóstico.
14. Dou-vos estas recomendações para que evitem o *portunhol*.

12. Várias soluções possíveis.

1. Tens aulas em que classe?
2. Temos aulas há um ano.
3. Posso sentar-me nesta cadeira?
4. Esta borracha é sua?
5. Não consigo ver bem o quadro.
6. Acho que vi um rato na estação de metro.
7. O Pedro levou uma tareia da mãe.
8. Aborreço-me nas aulas.
9. Aceita um café?
10. Os alunos contestaram a decisão do professor.

13.

1. É difícil **aprenderes** se não te sentes motivado.
2. Não podemos **fazer** o exame.
7. Eles dizem para nós **termos** calma.
8. Os professores começaram a **falar** sobre cultura.
12. Eles andam a **pesquisar** na Internet.
16. Alguns textos são fáceis de **compreender**.

14./15.

A

capaz	exame	apesar	zero	examinar	exercício
competência	caso	mesa	exato	**pensar**	azar

B

texto	achar	instalações	teste	vez	**máximo**
preencher	**sala**	escola	experiência	**precisar**	explicação

C

gerir	jovem	ajudar	**guião**	conjuntivo	**glossário**
organização	jogar	conjugação	juízo	vejam	juvenil

17.

1. traba**lh**o	4. expre**ss**ão	7. ga**gu**ejar
2. cla**ss**e	5. aconse**lh**ável	8. aprendiza**g**em
3. alu**n**o	6. ade**qu**ado	9. estágio

1 Ser português é...

1./2. A –7 B – 4 C – 10 D – 1 E – 5 F – 8 G – 2 H – 3 I – 6 J – 9

3.

1. intenção / sugestão   2. sugestão   3. dúvida   4. convicção
5. sugestão   6. intenção   7. convicção   8. intenção

Soluções e transcrições

4.

1. Já visitaste o Porto?
2. Já foi ao Festival de Chocolate em Óbidos?
3. Eles vieram a Aveiro no ano passado?
4. Vocês já viram algum filme português?
5. Fez o passeio que lhe recomendei?
6. Já disseste à Vera onde ficava a Pousada?
7. Ele quis visitar as Caves do Vinho do Porto?
8. Vocês ainda não conhecem o Algarve?

1. Ainda não visitei, mas hei de visitar.
2. Ainda não fui, mas hei de ir.
3. Ainda não vieram, mas hão de vir.
4. Ainda não vimos, mas havemos de ver.
5. Ainda não fiz, mas hei de fazer.
6. Ainda não disse, mas hei de dizer.
7. Ainda não quis, mas há de querer.
8. Ainda não conhecemos, mas havemos de conhecer.

5. 1. estará 2. Será 3. iremos 4. trarão 5. fará 6. dirás 7. Farei 8. Terei 9. Visitaremos 10. Daremos

6.

A: Há quanto tempo vive em Portugal?
B: Troquei Amesterdão por Lisboa há dez anos.
A: Do que é que gosta mais na sua vida cá?
B: É difícil dizer. Gosto de ter horários flexíveis. Adoro comer e beber bem. Sou um bom garfo, como se diz por aqui.
A: Do que é que gosta menos?
B: Não gosto que me tratem por senhor doutor só por saberem que sou empresário.
A: Há alguma coisa que o intrigue nos portugueses?
B: Há várias. Por que motivo é que não se identificam assim que atendem o telefone? Na Holanda, isso é impensável.
A: O que é que admira em nós?
B: São mestres na arte do improviso. Têm muito o hábito de dizer: "Isso arranja-se"; "Logo se vê".
A: Mas isso nunca o chocou?
B: No início, achava que eram muito despreocupados. Com o tempo, percebi que, afinal, tudo se acabava por resolver.
A: O que é que acha que devíamos mudar?
B: Acho que os portugueses não lidam bem com o êxito dos outros, nem com o seu próprio êxito. Também são pouco recetivos a críticas.
A: Bem, vamos fazer uma viagem pelas suas vivências em Portugal. Vou dizer-lhe algumas palavras e gostava que me dissesse a primeira coisa que associa a cada uma delas.

A: Uma viagem
B: Um Cruzeiro no Douro
A: Uma cidade
B: Lisboa
A: Uma bebida
B: Licor Beirão
A: Uma sobremesa
B: Baba de camelo
A: Um sentimento
B: Saudade

A: Muito obrigada pela sua disponibilidade.
B: De nada. Foi um prazer.

Nacionalidade	Holandês
Profissão	Empresário
	Experiência em Portugal
Opinião sobre os portugueses	Os portugueses são mestres na arte do improviso.
	Os portugueses não lidam bem com o êxito dos outros nem com o seu próprio êxito. São pouco recetivos a críticas.
Diferenças culturais	A forma como os portugueses atendem o telefone.

Soluções e transcrições

7. Viagem: Cruzeiro no Douro; Cidade: Lisboa; Bebida: Licor Beirão; Sobremesa: Baba de camelo; Sentimento: Saudade

8.

Nos primeiros meses, não sabia o que é que os portugueses esperavam de mim. Apesar de serem abertos e gentis, e de estarem sempre prontos a ajudar, não foi fácil fazer amizades.
Agora, já tenho o meu círculo de amigos com quem saio regularmente. Foi graças a eles que me comecei a interessar pela cultura portuguesa. Portugal tem uma história muito rica e monumentos únicos. Embora seja um país pequeno, tem uma grande variedade paisagística e uma gastronomia invejável.
Sempre fui uma apaixonada por literatura e, de há uns meses para cá, tenho descoberto verdadeiras obras-primas. Gosto de Eça de Queiroz, Florbela Espanca, Fernando Pessoa e José Saramago.

1.
Nos primeiros meses, não sabia o que é que os portugueses esperavam dela. Apesar de serem abertos e gentis e de estarem sempre prontos a ajudar, não foi fácil fazer amizades.

2.
Bom. Tem um grupo de amigos com quem sai regularmente.

3.
Conhece a história de Portugal, a gastronomia e lê Eça de Queiroz, Florbela Espanca, Fernando Pessoa e José Saramago.

9.

Ser	Estar	
	X	pronto
X		picuinhas
X	X	desconfiado
X		compreensivo/a
	X	confiante
X	X	nostálgico/a
X		queixinhas
X	X	suscetível
	X	contente
X		despachado/a
X		mexeriqueiro
X	X	convencido

10.
1. um ponto 2. uma joia 3. um bicho do mato 4. um bom garfo 5. um troca-tintas 6. um amigo de Peniche
7. um cabeça de alho chocho 8. um zero à esquerda

11.

Filha de pai português e de mãe moçambicana, Mariza dos Reis Nunes nasceu em Moçambique, em 1973, e veio para Portugal com apenas três anos.
Em 1977, a família Nunes fixou-se em Lisboa, na Mouraria, um bairro que muitos consideram o berço do Fado.
Em criança, Mariza sentia-se fascinada pelo som da guitarra portuguesa e pelos fadistas que via atuar no restaurante dos pais. Aos cinco anos, começa a cantar o fado de ouvido e, aos sete, estreia-se em público. O apelo do fado persistiu mesmo quando começou a cantar jazz e soul anos mais tarde.
Em 2002, edita o álbum "Fado em Mim", que lhe valeu o reconhecimento imediato da crítica e a lançou como fadista.
Nos últimos anos, Mariza tem feito digressões pelo mundo inteiro e atuado em palcos prestigiados como o Carnegie Hall, em Nova Iorque.
Os álbuns "Fado Curvo", "Transparente", "Terra" e "Fado Tradicional" consagraram-na como a voz do fado contemporâneo.

Soluções e transcrições

Sugestões

Nome	Mariza dos Reis Nunes	**Obra**
Data e local de nascimento	Moçambique, 1973	Álbuns: "Fado em Mim"; "Fado Curvo", "Transparente"; "Terra" e "Fado Tradicional" "
Profissão	fadista	
Ocupação dos pais	proprietários de um restaurante	

12. Resposta livre.

13./14.

Segundo reza a lenda, um **nobre** informou o rei D. Dinis sobre as ações de caridade da rainha D. Isabel e as **despesas** que estas representavam para o **tesouro** real.

Numa manhã fria de janeiro, o rei decidiu **surpreender** a rainha numa das suas caminhadas durante as quais dava **esmolas** e pão aos pobres.

Reparando que D. Isabel **tentava** ocultar algo no regaço, o rei perguntou-lhe aonde se dirigia, ao que a rainha respondeu que ia ao mosteiro para ornamentar os altares. Insatisfeito e desconfiado, o rei **insistiu** na pergunta. Foi então que, num ímpeto, a rainha retorquiu: "São rosas, meu senhor!".

Como não era possível haver **rosas** em janeiro, o rei obrigou-a a abrir o manto e a revelar o que lá escondia. Para estupefação de todos os **presentes**, ao fazê-lo, surgiram rosas. Por milagre, o pão que **levava** escondido tinha-se transformado em rosas. Rendido à situação, o rei pediu **perdão** à rainha, que acabou por cumprir os seus objetivos: **prestar** ajuda aos mais necessitados.

O milagre **depressa** chegou aos ouvidos dos conimbricenses que a proclamaram rainha santa.

15. 1.e.   2. j.   3. d.   4. a.   5. i.   6. h.   7. f.   8. b.   9. g.   10. c.

16. 1. g.   2. c.   3. h.   4. d.   5. i.   6.e.   7. j.   8. b.   9. a.   10. f.   11. n   12. m.   13. p.   14. o.   15. l.

17.

há de	**comê-las**	**vês**	deem
estará	sabemo-lo	**lê**	**partíamos**
fará	fi-las	saiu	vivia
estarás	fizemo-los	**saia** (presente do Conjuntivo)	faziam
terei	**fá-lo**	**saía** (pretérito imperfeito do Indicativo)	trazias
traremos	fez		veem
		saíste	
		saiam	

2 A praxe é dura, mas é a praxe!

1./2.
Sugestões
1. Coloque aqui a sua **assinatura**, por favor.
2. Obtive uma **bolsa** para estudar em Londres.
3. Qual é o valor da **propina**?
4. Quantas **cadeiras** fizeste no ano passado?
5. Amanhã, vou falar com a **secretária** do reitor.

3.
1. formos   2. tiverem   3. puderes   4. tiver   5. for   6. lembrar   7. houver   8. fizer   9. conseguir
10. der   11. vieres   12. quiseres

4. 1. tiverem   2. souber   3. acabar   4. quiseres   5. vir   6. puderes

5.
1. Quando vires a faculdade, vais mudar de ideias sobre as instalações.
2. Se tiverem dúvidas, perguntem.
3. Se vierem estudar para Coimbra, fiquem numa residência universitária.
4. Enquanto não souber a matéria, não saio à noite.
5. Assim que as notas saírem, aviso-te.
6. Quando for à biblioteca, requisito o livro.
7. Enquanto não fizer os exames, não posso ir de férias.
8. Sempre que vieres ter comigo à faculdade, podemos almoçar na cantina.

6.
1. questões   2. faltas   3. cadeira   4. esclarecimentos   5. atenção   6. fotocópias   7. oral   8. diretas

7.
2. Se **comprar** a sebenta na livraria da faculdade, tem um desconto de 5%.
3. Se não **fizer** todas as cadeiras este semestre, vou perder a bolsa.
5. Se **podes** subir a média, por que motivo é que não te esforças?
6. Se **passarem** no exame, vamos comemorar.
7. Se **formos** de táxi, chegamos a tempo da conferência.
8. Se **queres** a minha opinião, é melhor deixares essa cadeira para o próximo ano.

8.

NOME	ADJETIVO
a aplicação	aplicado
a atenção	atento
a qualificação	qualificado
a competência	competente
a assiduidade	assíduo
o esforço	**esforçado**
a academia	académico
a dificuldade	difícil

9.
1. de / à   2. ao   3. dos   4. para   5. das   6. para   7. de / na   8. de / para / em   9. para / de
10. a / a / da   11. de / de / numa / no   12. pela   13. A   14. Com   15. de / no / de / no

10./11.

Texto A
Estou em Lisboa para saber como funcionam as **bolsas oferecidas** pela universidade. **Preciso de procurar** informações sobre os requisitos, os **prazos** e o tipo de ajuda financeira que dão. Sei que obter uma **bolsa** não é fácil, mas vou **tentar**.

Texto B
Estudo português há seis meses em Madrid. Acabo de terminar a minha **licenciatura** em Relações Públicas e gostava de fazer **um estágio profissional** em empresas **brasileiras ou** portuguesas. **Daí que esteja** interessado em **bolsas** para **continuar** os meus estudos em Portugal.

12. A – creche   B – inspeção   C – pedagogia   D – licença   E – assento

Soluções e transcrições

13.
1. cabula 2. falta 3. coloca 4. chumba 5. chega 6. tira 8. dá 9. copia 10. descarrega 11. tem
12. dá 13. faz 14. é 15. sabe

14./15.

Trace o perfil da audiência em termos da faixa etária, dos interesses e dos objetivos com antecedência. Essas informações determinarão o modo como vai atuar.

Antes de começar a sua apresentação, refira os objetivos, a estrutura, os conteúdos e a metodologia utilizada. Informe os presentes de que estará disponível para responder a todas as questões no final.

Durante a sua exposição, fale pausadamente. Procure ser objetivo e sucinto. Seja criativo. Não recorra ao humor desnecessariamente.

Se optar por fazer uma apresentação com recurso a diapositivos, escolha títulos claros que identifiquem os conteúdos. Não inclua frases longas.
O número de diapositivos dependerá da extensão da sua apresentação. Seja moderado: para uma apresentação de dez minutos, bastarão entre dez a doze diapositivos.
Evite ler. Não há nada pior do que um orador que se limita a reproduzir o que está escrito nas notas de rodapé ou no próprio diapositivo.

Quanto à apresentação gráfica dos conteúdos, não use cores demasiado fortes como fundo. Opte por fontes simples de modo a facilitar a leitura. Caso se justifique, insira gráficos e imagens.

Boa apresentação!

16. 1. grego 2. uma perna 3. calcanhar 4. canja 5. pela barba 6. contadas

17. 1. carreira 2. estudos 3. Meio 4. competências necessárias 5. equivalência / estrangeiro

18. Ciências   Gráficas

3 Portugal em Festas.

1. 1. sardinha 2. fogo de artifício 3. António 4. marchante 5. Entrudo 6. quadra 7. arraial 8. caldo-verde

2. 1. for 2. disserem 3. houver 4. ouvires 5. decidirem 6. tocarem 7. for 8. estivermos

3. 1. Esteja / estiver 2. Façamos / fizermos 3. Ponhas / puseres 4. Saiba / souber 5. Vejam / virem
6. Venhas / vieres

4. 1. qual 2. quem 3. a quem 4. por onde 5. o que 6. por onde 7. o que 8. que horas 9. quando
10. o que 11. qual 12. como

5. 1. procures 2. esteja 3. passe 4. tenhamos 5. digam 6. seja 7. dancemos 8. fiquem

6. 1. d. 2. c. 3. b. 4. a. 5. g. 6. h. 7. f. 8. e.

7.

A: Como foi a festa?
B: Foi **brutal**!
A: O que é que fizeram?
B: *Corremos as* **capelinhas** *todas*.
A: Não me digas que passaram a noite de bar em bar.
B: Claro! Quisemos mostrar ao Peter, à Mary e à Vicky como se festejava o Carnaval em Lisboa. Ainda tentámos entrar **à socapa** numa das discotecas, mas não conseguimos.
A: E o Bairro estava à pinha, aposto.

B: Estava. O Pires ainda *armou* **um 31** com um dos porteiros, mas tudo se arranjou.
A: O Pires? Ele é tão pacato.
B: É, mas ontem já estava com **um copo** a mais.
A: O Carlos também foi?
B: Não, ainda esperámos **um bocado** por ele, mas ele não apareceu.
A: E os teus amigos divertiram-se?
B: Imenso! A Vicky fartou-se de *dar* **ao pé**. E tu não foste a lado nenhum?
A: Não, ainda pensei em *dar* **um salto** a Alfama, mas acabei por ficar em casa. Não faz mal, para o ano há mais.

8.

Expressões	Significado
1. brutal	ótimo
2. correr as capelinhas	ir a vários bares
3. à socapa	sem ser visto
4. armar um 31	arranjar problemas
5. estar com um copo a mais	estar embriagado
6. um bocado	um pouco
7. dar ao pé	dançar
8. dar um salto	ir

9.

VERBO	NOME
animar	**a animação**
mascarar-se	a máscara
divertir-se	o divertimento
marchar	**o / a marchante**
celebrar	**a celebração**
festejar	a festa
desfilar	**o desfile**
satirizar	a sátira
atrapalhar	o trapalhão
destacar	**o destaque**
disfarçar	o disfarce

10./11.

Texto A

A meu ver, não **faz** muito sentido **manter** este tipo de tradições. Em vez de se **gastar** tanto tempo e dinheiro com as marchas populares, **investíamos** noutros eventos.
Era mais interessante **promovermos** a interculturalidade, por exemplo. **Podíamos** organizar mais festivais de música e de dança lusófona.
A era do arco e do balão já **teve** o seu tempo.

Texto B

É certo que nem todos **partilham** do meu entusiasmo pelas marchas, mas eu **defendo-as**. São o resultado de horas de trabalho de anónimos que **se dedicam** a esta causa por puro amor à cidade e ao bairro sem **ganharem** nada com isso em termos materiais. Nos tempos que correm, toda esta dedicação desinteressada é de louvar. Os marchantes **ensaiam** durante horas seguidas, **confecionam** os trajes e **arranjam** os arcos e os balões só para **encherem** o peito de orgulho ao **desfilarem** na avenida. **Digam** o que **disserem**, as pessoas **saem** de casa para ver as marchas e **fazem**-no com gosto.

12.

> A: Há quem ache que as marchas populares deviam ser mais publicitadas, mas também há quem as desvalorize. Qual é a sua opinião?
>
> B: Para mim, as marchas populares são muito importantes. Nas semanas antes do Santo António não se fala de outra coisa lá no bairro.
>
> A: Quando é que se começou a interessar pelas marchas?
>
> B: Há muito tempo. Já é de família. Os meus pais namoraram e casaram numa marcha, como a minha mãe costuma dizer.
>
> A: Quando é que marchou pela primeira vez?
>
> B: Só me estreei no ano passado.
>
> A: Ficou satisfeita com o resultado?
>
> B: Claro! Fomos a melhor marcha das 24. Alfama é linda!
>
> A: Foi difícil dar vida ao tema?
>
> B: Não. Acho que retratámos bem o Centenário da República.
>
> A: O que é que achou das outras marchas?
>
> B: Gostei dos trajes da marcha da Bica e da letra da marcha de Alcântara.

1. c)   2. b)   3. b)   4. c) Centenário da República   5. b)

13.

1. aos	2. ao / da	3. nas / de / no / pela	4. no / de / à
5. No / do / nas	6. de / no / de	7. Na / de / para / de / até / da	8. Durante / de / para
9. Em	10. com / aos	11. desta / a	12. Nesta / do / por / à

15. Resposta livre

16.

A. [s]

afi**c**ionado	anima**ç**ão	senten**ç**a
a**ss**ado	compare**c**er	re**c**e**ç**ão
tradi**ç**ão	manifesta**ç**ão	pro**ss**eguir
alfa**c**inha	cabe**ç**udo	pa**ss**agem

B. [ʃ]

chave	pai**x**ão	**ch**eiro
lu**x**o	me**x**er	mar**ch**ante
fi**ch**a	quei**x**o	mur**ch**ar
pu**ch**ar	in**ch**ar	**ch**uva

C. [ʒ]

corte**j**o	feste**j**os	an**j**o
man**j**erico	ma**j**estade	conta**g**iante
exi**g**ir	vi**g**ilância	tra**j**es
ima**g**em	**j**ulgar	**j**untos

4 Rumos.

1.
1. **Na** segunda-feira, temos uma entrevista.
3. Vim para Portugal **no** verão de 2001.
4. O seu visto é válido a partir **de** dezembro.
6. Carimbe estes documentos antes **de** terça-feira.
7. Os Serviços de Estrangeiros e Fronteiras não estão abertos **ao** fim de semana.
8. Conhecemo-nos **em** 1986.
9. Tenho uma entrevista na embaixada **a** 13 de março.

2.
a. Não posso aceder à minha conta. Esqueci-me da minha **palavra-passe**.
b. Este livro foi um **êxito de vendas** nos anos 90.
c. Quando é que vai ser **a audição**?
d. O Ricardo é um verdadeiro **cavalheiro**.
e. Deram-me um **ramo de flores** lindo.
f. O meu **passatempo** preferido é fazer ioga.

3.

Informática	Vestuário	Alimentação
backup	robe	pizza
bug	soutien	strogonoff
modem	t-shirt	pickles
hardware	collant	ketchup

4.
1. Vamos fazer a prova de língua daqui a dois meses.
2. Já consultaste o *site* da Associação Ucraniana em Lisboa?
3. Vocês foram ao Consulado ontem de manhã?
4. Ainda não preenchi o formulário.
5. Vi o Peter no Serviço de Estrangeiros e Fronteiras.
6. Telefonou ao marido para que a viesse buscar.
7. Estou a estudar Português há um ano.
8. Nesta foto, estávamos à espera da Maria.
9. O funcionário que atendeu o telefone disse-me que devia entregar o pedido de nacionalidade até segunda-feira.
10. Conheces o cônsul de Portugal?
11. Vais levantar o teu visto hoje?
12. Trouxeram os documentos necessários?

5. 1. emigrávamos.　2. teria aceitado　3. teria dito　4. irias　5. teria vindo　6. hesitaria　7. faria　8. estaria

6.
1. No teu lugar, eu já **lhe teria falado.**　2. Se fosse a ti, eu já **teria aceitado.**　3. Nós não **a faríamos**.
4. Por enquanto, eu não **os traria**.　5. Tu é que sabes, mas eu não **lhe diria**.

7. 1. e　2. c.　3. h.　4. f.　5. d.　6. b.　7. a.　8. g

8. Se a Letícia não se tivesse casado com um português, não teria ficado a viver em Portugal.

9.
1. Se tivéssemos contrato, teríamos regularizado a nossa situação.
2. Se não tivesse chegado tarde ao SEF, teria tratado do passaporte.
3. Se não falasse mal português, não teria reprovado na prova de língua.
4. Se ele não tivesse cadastro, não lhe teriam recusado o visto.
5. Se o funcionário não fosse incompetente, não me teria dado os impressos errados.
6. Se o meu visto não tivesse caducado, não teria de voltar para o Brasil.
7. Se eles não tivessem dois filhos pequenos, poderiam emigrar para longe.

Soluções e transcrições

10. 1. e.   2. d.   3. b.   4. c.   5. g.   6. a.   7. f.

11.
1. **Dávamo-nos/Damo-nos** bem em Portugal, mas resolvemos voltar para o nosso país.
2. Não **faz** sentido esperarmos dois anos para obtermos um visto.
3. Acho que os meus colegas não me **levam** a sério por ser estrangeiro.
4. Vou fazer o que puder para que o meu sonho se **torne** realidade.
5. Sempre **fui** muito agarrado à minha terra.

12.
A – A causa de – *por* causa de
B – A pesar disso – *apesar* disso
C –   Total – *como resultado*
D – Em quanto a – *quanto a*

13.

A: Bom dia.
B: Bom dia. Faça favor.
A: O meu visto caduca em breve e eu queria renová-lo.
B: Que tipo de visto pretende?
A: Um visto de estudante.
B: Até quando vai ficar em Portugal?
A: Até ao final do ano académico.
B: Preciso do seu passaporte e um comprovativo da instituição que frequenta.
A: Aqui tem. Quando é que posso vir levantá-lo?
B: Daqui a duas semanas está pronto.
A: Obrigado.

1. c.   2. a.   3. b   4. a.   5. b.

14./15.

Texto A

Antes de vir para Portugal, tive de pedir dinheiro **emprestado**.
Quando cheguei, não falava **nem** uma palavra de português. Como também compreendia **as pessoas** com dificuldade, **tentei** aprender a língua.
Ainda me lembro dessa época. **Partilhei** um **apartamento** com uma mexicana que conheci numa associação cultural. Era **muito** simpática.
Às vezes, sinto a falta da família, mas quero **ficar** em Portugal.

Ana, 42 anos

Texto B

Com 18 anos, fui para o Canadá com a minha irmã **mais velha**, mas **tive** pouca sorte.
Entrei com um **visto** de turista, mas sem contrato não **consegui** regularizar a minha situação. Depois, voltei para Espanha, onde vivi dez anos.
Estou cá há três anos e quero ficar. A **crise** é grande, mas felizmente tenho um trabalho **estável**.

Pablo, 51 anos

16. 1. a)   2. b)   3. c)   4. a)   5. a)   6. b)   7. a)   8. c)   9. b)

17. 1. estivéssemos   4. quiséssemos   7. faríamos   9. dávamos   12. tínhamos   13. déssemos   15. conseguíamos
     17. obtínhamos   20. passássemos

5 Oxalá pudesse ir contigo para os Açores!

1. 1. a) Embora   2. c) A menos que   3. c) Caso   4. a) Ainda que   5. c) Até   6. b) Assim que   7. a) para que   8. b) antes de

2.

	PRESENTE (Ex.: Faça)	IMPERFEITO (Ex.: Fizesse)	FUTURO (Ex.: Fizer)
caso	✓	✓	✗
embora	✓	✓	✗
ainda que	✓	✓	✗
exceto se	✗	✗	✓
nem que	✓	✓	✗
mesmo que	✓	✓	✗
enquanto	✗	✗	✓
mal	✓	✓	✗
quando	✗	✗	✓
se	✗	✓	✓
desde que	✓	✓	✗
contanto que	✓	✓	✗
salvo se	✗	✓	✓
se bem que	✓	✓	✗

3.

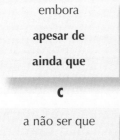

A
embora
apesar de
ainda que

B
a fim de que
a fim de
de modo a

C
a não ser que
a menos que
salvo se

D
caso
no caso de
se

4.
1. Para que tenhas mais probabilidades de arranjar emprego, envia o currículo para várias empresas.
2. Antes de te candidatares, investiga sobre o historial da empresa.
3. Prepara-te bem para a entrevista a fim de causares uma boa impressão.
4. Embora estivesse muito nervoso, a entrevista correu bem.

5. 1. a)   2. b)   3. a)   4. c)   5. c)

6. 1. e.   2. j.   3. h.   4. g.   5. f.   6. d.   7. c.   8. i.   9. b.   10. a.

7.

A: Há quanto tempo está desempregada?
B: Há quase um ano.
A: Que função desempenhava?
B: Era gestora comercial numa empresa de publicidade.

Soluções e transcrições

A: O que é que te feito desde então?
B: Compareço no Centro de Emprego uma vez por mês e já coloquei o meu currículo na Internet.
A: Sente-se desanimada?
B: Não é fácil, mas o mais importante é não baixar os braços. Alguns amigos meus que estão no desemprego até entraram em depressão.
A: O que é que mais a preocupa neste momento?
B: Pagar as contas. O dinheiro que recebi de indemnização tem dado para cobrir as despesas, mas não vai durar para sempre.
A: Estaria disposta a aceitar um salário inferior ao que auferia ou a trabalhar noutra área?
B: Se isso me permitisse regressar ao ativo, garanto-lhe que não hesitaria.

7.
1. A Ana está desempregada.
2. Ficou desempregada este ano.
3. Em Vendas.
4. Tem enviado currículos e comparecido no Centro de Emprego uma vez por mês.
   Procura emprego todos os dias no jornal e já colocou o currículo na Internet.
5. Pagar as contas. O dinheiro que recebeu de indemnização tem dado para cobrir as despesas. 6. A Ana estaria disposta a receber um salário inferior ao que auferia.

Sou licenciada em Gestão de Empresas e especializei-me em Técnicas de Vendas.
Entre 2000 e 2009, desempenhei funções de Gestora Comercial numa empresa bastante conceituada. Geria as contas dos principais clientes e tinha a meu cargo as apresentações de novos produtos.
Falo bem inglês e francês e tenho conhecimentos de informática na ótica do utilizador.
Considero-me uma pessoa dinâmica, trabalho bem em equipa e sou responsável. Além disso, gosto de desafios e não tenho medo de assumir responsabilidades.

8.
Soluções

	Perfil
Qualificação académica	Licenciatura em Gestão de Empresas
Competências profissionais	Gestão de clientes e divulgação de produtos
Línguas	Inglês e francês
Competências sociais	Considera-se uma pessoa bastante dinâmica, trabalha bem em equipa e é responsável.

9. 1. c)   2. b)   3. c)   4. a)   5. b)   6. a)   7. b)   8. c)   9. b)   10. a)   11. b)

10. 1. fracos   2. Salário   3. equipa   4. Caso   5. colegas   6. Do   7. mudanças   8. tarefas   9. características
10. a longo   11. irritado   12. enquanto

11.
1.
Já **arranjaste** emprego?
Quem é que **arranjou** o computador?

2.
Vou candidatar-me a este **posto**.
Onde fica o **Posto** de Turismo?

3.
Não te podes demitir. Aconselho-te a não correres esse **risco**.
Já viste o **risco** que eu tenho no carro?

4.
Apareceu uma **vaga** para técnico de informática. Está interessado?
Tenho uma **vaga** ideia da empresa.

5.
A Paula está doente. Meteu **baixa**.
Sou mais **baixa** do que tu.

6.
Como se chama a sua **secretária**?
Comprámos uma **secretária**.

7.
Já recebeste o **despacho** do Ministério?
Espera 10 minutos. Eu **despacho** já isto.

8.
Este **quadro** é de um conceituado pintor português.
Quem é que vai entrar para o **quadro** da empresa?

12./13.

ação ótimo atuar rececionista	direção adotar produtor

14.

êxito   tecnologia

financeira   salário

ganhar

recessão

economia   portátil

negócios

experiência   indústria

reduzir

qualificado   empreendedor

6 Até que a morte nos separe?

1. 1. caso   2. marido / casamento   3. aventura   4. cara-metade   5. almas gémeas   6. namorado   7. amante   8. apaixonado   9. casal   10. alianças

2. 1. (A)   2. (A)   3. (B)   4. (B)   5. (B)   6. (A)   7. (B)   8. (A)   9. (A)   10. (B)

3.

Mensagem A (Sandra)
Maria, estou a telefonar para te pedir um favor: importas-te de passar pela agência de viagens e levantar os bilhetes? Não posso passar por lá hoje porque a Joana quer que eu vá com ela à costureira. O vestido de noiva ainda não está pronto. Um beijo.

Soluções e transcrições

4.
Sugestão:
Amor,

A Sandra telefonou e pediu que passasses pela agência de viagens e levantasses os bilhetes. Ela disse que não podia passar por lá hoje porque a Joana queria que ela fosse com ela à costureira. O vestido de noiva ainda estava pronto. O Vasco também telefonou a dizer que já estava tudo tratado e que a gráfica já tinha imprimido os convites. Ele disse que precisava que eu lhe entregasse a lista definitiva dos convidados assim que pudesse. Telefonaram-lhe da quinta e informaram-no que não ia ser possível incluir na ementa o doce que tu tinhas escolhido. Pediu que entrasses em contacto com eles e lhes propusesses outra coisa. Ele disse que convinha que tratássemos disso ainda hoje.

Um beijo,
Bruno

5.

A: Parece que estás **em baixo**. O que é que se passa contigo?
B: Eu e o Pedro acabámos. Deixámos que a situação se arrastasse, mas chegámos a um **ponto** em que já não dava mais.
A: Vocês ficaram amigos?
B: Ficámos, **quer dizer**, de vez em quando, telefono-lhe para saber como é que ele está.
A: É pior quando as coisas acabam a mal. Espero que não estejas **arrependida**.
B: Não estou. Se **pudesse** voltar atrás, provavelmente faria o mesmo.
A: Tu, agora, precisas de te distrair. Havemos de combinar uma **saída**. **Ligo-te** no fim de semana e vamos jantar fora.
B: Só te **peço** um favor: caso vejas o Pedro, fazes de conta que não sabes de nada.
A: Claro. Achas que eu lhe ia dizer alguma coisa?
B: Não quero que muita gente saiba, **por enquanto**.
A: Fica descansada.

6.
Sugestão:
Encontrei a Sara na semana passada. Ela estava muito abatida. Disse-me que ela e o Pedro tinham acabado. Comentou que eles tinham deixado que a situação se arrastasse, mas que tinham chegado a um ponto em que já não dava mais. Perguntei-lhe se eles tinham ficado amigos e ela respondeu que sim e que, de vez em quando, lhe telefonava para saber como é que ele estava.
Eu disse-lhe que era pior quando as coisas acabavam a mal e que esperava que ela não estivesse arrependida. Ela afirmou que não estava e que, se pudesse voltar atrás, provavelmente faria o mesmo.
Como ela precisa de se distrair, eu propus-lhe uma saída e prometi-lhe que lhe ligava no próximo fim de semana.
Ela pediu-me que fizesse de conta que não sabia de nada, caso visse o Pedro. Disse que não queria que muita gente soubesse, por enquanto.
Eu tranquilizei-a e disse-lhe para ficar descansada.

7.
Antigamente, uma mulher que continuasse solteira depois dos 30 significava que ninguém se interessava **por** ela. Atualmente, se olharmos à nossa volta, verificamos que há cada vez mais mulheres sozinhas **por** opção **sem** se preocuparem **com** a opinião alheia.
O que é que mudou **nos** últimos anos? As mulheres redefiniram as suas prioridades e já não têm medo **de** construir o seu próprio caminho **sem para** isso precisarem **de** uma presença masculina permanente **na** sua vida.
Algumas decidiram investir **na** carreira, o que lhes deixa pouco tempo disponível **para** a vida pessoal. Outras são empreendedoras, têm o seu próprio negócio e precisam **de** tempo para o gerir **sem** terem **de** se preocupar excessivamente **com** os afazeres domésticos ou **com** as exigências do viver **em** família.
Claro que no grupo das mulheres sozinhas também se incluem as que, **por** um motivo ou **por** outro, se viram forçadas **a** viver **na** solidão.

Seja como for, o que se verifica é que levam uma vida ativa, centram-se **nos** seus interesses e prioridades **sem** se entregarem **a** relações sérias.

Embora esta tendência seja cada vez mais visível tanto **em** Portugal como **noutros** países, é óbvio que as adeptas **do** amor romântico ainda existem. No entanto, quem se decide **pelo** matrimónio, tenta conciliar a carreira **com** a vida familiar, exigindo **do** cônjuge uma participação ativa **nas** tarefas domésticas e **na** educação dos filhos.

8.

Conheci o meu marido no liceu. Namorámos onze anos e estamos casados há quarenta. Daqui a dez, espero celebrar as nossas bodas de ouro. Claro que passámos por altos e baixos, mas acho que isso faz parte de qualquer casamento. Hoje em dia, as pessoas divorciam-se por dá cá aquela palha.
A minha filha Raquel divorciou-se quando o meu neto tinha meses. Dá-se bem com o ex-marido, que, entretanto, refez a vida dele e só vê o filho de quinze em quinze dias.
A Raquel continua sozinha. Faz a vidinha dela com o menino e sente-se bem assim.

	V		F
1. A Sofia casou-se há trinta anos.			X
2. Ela tem tido muitos problemas com o marido.			X
3. Para ela, o casamento é sagrado.	X		
4. A filha da Sofia é divorciada.	X		
5. O neto da Sofia vive com o pai.			X
6. Para a Raquel, a felicidade e o casamento são sinónimos.			X

9.
1. A Sofia casou-se há quarenta anos.
2. A Sofia tem tido os problemas que qualquer casal tem.
5. O neto da Sofia vive com a mãe.
6. Para a Raquel, a felicidade e o casamento não são sinónimos.

10. 1. lesma   2. texugo   3. raposa   4. flecha   5. caranguejo   6. pisco   7. pinto   8. rato   9. peru   10. leão   11. tomate   12. alface

11./12.

Amor é fogo que arde sem se ver;
é ferida que **dói** e não se sente
é um contentamento **descontente**,
é dor que desatina sem doer.

É um não querer mais que bem querer
é *solitário andar por entre a gente;*
é nunca contentar-se de contente;
é um cuidar que se ganha em se perder.

É querer estar **preso** por vontade;
é servir a quem vence o vencedor;
é ter com quem nos **mata**, lealdade.

Mas como causar pode seu favor
nos corações **humanos** amizade,
se tão contrário a si é o mesmo Amor?

O intruso é o segundo verso da segunda quadra. O verso correto é: "*é um andar **solitário** entre a gente;*".

13./14.

Depois de cinco anos juntos, a minha **namorada** decidiu pôr um **ponto** final na relação. Durante uns tempos, não consegui **aceitar** que tinha perdido o amor da minha vida. Andava **nervoso**, deprimido e desesperado.
Há seis meses, porém, descobri que ela me tinha mentido muitas **vezes**. Foi um choque **sabê-lo, mas ajudou-me** a seguir **em** frente. Hoje, sou um homem diferente. Não tenho **medo** de ser eu **mesmo** e de dizer o que penso e o que quero.

Soluções e transcrições

> Para **mim**, cada um de nós é **responsável** pela sua felicidade. Quem não está bem consigo **próprio**, não pode construir uma relação estável. Há que saber **estabelecer limites** entre o que é aceitável e o que é **excessivo** numa relação.
> **Apesar** de ainda não me sentir a 100%, não perdi a **esperança** de **me** casar e de ter filhos.

15.

felizes	aborrecimento	felicidade
suportar	ilusão	mulher
aconselhar	apaixonado	criança
maioria	ajuda	separação
analisar	solteiro	sofrer

17.

A	B
1. tela	telha
2. velha	vela
3. cala	calha
4. dália	dá-lha
5. molhas	molas
6. falas	falhas
7. malha	mala
8. fila	filha
9. solha	sola
10. colha	cola

7 Notícias de Angola.

1.

Texto A

Desde 2007, 75 mil adultos, cuja vida impossibilitara de aprender a ler e a escrever, voltaram aos bancos da escola em Huíla.

Atualmente, são cerca de 42 600 os que frequentam cursos de alfabetização em escolas, quartéis e instituições religiosas. Este projeto conta com 450 professores, que trabalham em parceria com a Organização da Mulher Angolana e organizações da sociedade civil. Muitos dos alunos, na sua maioria mulheres, já estão aptos para exercer a sua cidadania.

Texto B

Em 2010, Angola foi o país anfitrião do Campeonato Africano das Nações. Para o evento, foram construídos quatro estádios nas províncias de Luanda, Huíla, Cabinda e Benguela, representando um investimento de 600 milhões de dólares.

O CAN 2010 teve como mascote a "Palanquinha", criada a partir do ex-líbris da fauna angolana, a Palanca Negra Gigante, uma espécie que não existe em nenhum outro lugar do mundo.

Texto C

O Ministério do Urbanismo e Construção reiterou, hoje, a importância da formação de técnicos de construção civil e relembra o papel desempenhado nos últimos dois anos pelos centros criados nas províncias de Malanje, Huambo, Benguela e Luanda.

Com esta formação, pretende-se que os formandos sejam recrutados por empresas do sector e fazer com que outras entidades inscrevam os seus colaboradores de modo a desenvolverem competências profissionais em áreas como a Construção de Vias e a Gestão de Obras.

Texto A

O quê?
Cursos de alfabetização
Quem?
75 mil adultos angolanos
Quando?
Desde 2007 até à atualidade
Onde?
Huíla

Texto B

O quê?
CAN 2010 (Campeonato Africano das Nações)
Quando?
2010
Onde?
Angola

Texto C

O quê?
Formação de técnicos de construção civil
Quem?
Angolanos
Quando?
Nos últimos dois anos
Onde?
Malanje, Huambo, Benguela e Luanda

2.
1. musseque   2. zungueiro   3. candongueiro   4. kimbundu   5. Cunene   6. petróleo   7. Luanda
8. O Angolense   9. TV Zimbo   10. farra   11. kwanza   12. Palancas Negras   13. Miradouro da Lua
14. birra   15. massa

3.
1. O empréstimo já teria sido autorizado pelo Banco, se o projeto não fosse tão dispendioso.

2. O desenvolvimento da região e a criação de mais empregos serão permitidos pela construção da barragem.

3. A opinião pública é alertada para temas como a prevenção da SIDA e a delinquência juvenil por alguns anúncios.

4. Se esta formação for oferecida pela nossa empresa, teremos funcionários mais qualificados e produtivos.

5. Se não fossem criados tantos obstáculos à obtenção dos vistos, já teríamos fechado o negócio.

4.
1.
a) Duas ONG estão a organizar campanhas de sensibilização sobre o HIV / SIDA.

b) Campanhas de sensibilização sobre o HIV / SIDA estão a ser organizadas por duas ONG.

2.
a) O Centro de Formação de Jornalistas realizou um seminário sobre a Televisão Digital Terrestre em Luanda.

b) Foi realizado um seminário sobre a Televisão Digital Terrestre, em Luanda, pelo Centro de Formação de Jornalistas.

Soluções e transcrições

3.
a) O novo laboratório possibilitará o desenvolvimento de áreas de investigação.

b) O desenvolvimento de áreas de investigação será possibilitado pelo novo laboratório.

4.
a) O governo tem recomendado a promoção dos cuidados de saúde nas comunidades.

b) A promoção dos cuidados de saúde nas comunidades tem sido recomendada pelo governo.

5.
a) A Faculdade de Medicina fez um estudo sobre má formação congénita.

b) Um estudo sobre má formação congénita foi feito pela Faculdade de Medicina.

6.
a) O Grupo Oliveira abriu uma filial em Luanda.

b) Uma filial foi aberta, em Luanda, pelo Grupo Oliveira.

5.
1. Foram desenvolvidos vários projetos no âmbito da reconstrução nacional.
2. Foi feito um balanço das medidas tomadas na área da educação.
3. Foram vendidos muitos condomínios de luxo este ano.
4. Foram escritos vários livros sobre a Guerra Colonial.
5. Muito foi dito sobre as condições em que este contrato foi assinado.

6.
1. a) buscar   b) procuraram   c) procura   d) buscar

2. a) achaste   b) pensares   c) encontrassem   d) penso   e) acharmos   f) Pensamos

3. a) apanhe   b) apanhar   c) apanhámos   d) tome   e) apanha   f) Toma   g) tome   h) apanhou
   i) tomasse   j) apanhou

4. a) tirar   b) tirasse   c) atires   d) Tira   e) sacou

7. Sugestões:
1.
Enquanto esperava por ti, li o jornal.
Estava a analisar o projeto e, **entretanto**, chegaram os folhetos.

2.
Só estive uma vez em Angola. **Todavia**, senti-me em casa.
Ainda não conheço os colegas angolanos.

3.
O hotel já está **pronto**. Vai ser inaugurado daqui a duas semanas.
Agradeço a tua colaboração. Foste muito **rápido**.

4.
A **oferta** hoteleira na capital está a melhorar.
Já viste este livro sobre Angola? Está em **promoção**.

5.
Agora, compreendo as consequências da Guerra Civil na capital.
Já foste a Lubango?

6.
A maioria da população vive em **más** condições.
Já fiz mais de 5 000 km por terras angolanas, **mas** ainda há regiões que conheço mal.

7.
Apostámos no sector agrícola **por causa do** estudo que fizemos.
Foi **graças ao** apoio de algumas ONG que conseguimos melhorar algumas vidas.

8.

Assim que vi as crianças, senti que a minha missão fazia sentido.
Não há verbas. **Daí que** nos preocupemos com o futuro do projeto.

8.

VERBO	NOME
extrair	*a extração*
negociar	o negócio
produzir	o produtor
investir	o investimento
reconstruir	**a reconstrução**
contribuir	**a contribuição**
progredir	a progressão
exportar	**a exportação**
entreter	**o entretenimento**
prevenir	a prevenção
responsabilizar	**a responsabilidade**

9. 1. do / pelas   2. com / dos / de / em / do   3. à / a / ao / Entre / de / pelas / de   4. em / das / em / do / na
5. para / para / de

10.

1. musseque   2. independência   3. área   4. queda   5. município   6. projeto   7. sectores

11.

A	[z]	[s]
1	religio**s**o	
2		**c**idadania
3	e**x**ercer	exer**c**er
4	de**s**empenhar	
5		par**c**eria

B	[b]	[v]
1	**b**anda	
2		**v**enda
3		**v**oto
4	**b**em	
5	**b**ens	

12.
1. As praias, diz o Pedro, são fantásticas.
2. Inserido na zona nobre da capital, o condomínio é constituído por 20 moradias.
3. Vou contar-vos o que se passou, mas não me interrompam.
4. O canal do qual te falei transmite reportagens muito interessantes.

Soluções e transcrições

5. Investimos muito dinheiro na empresa, portanto, esperamos bons resultados a curto prazo.
6. Estávamos dispostos a participar na formação. A direção, contudo, não aceitou as nossas condições.
7. Quando a proposta estiver pronta, contactem-nos.
8. A seleção angolana perdeu, hoje, com os Camarões por 2 a 1.
9. A Sandra, a Rita e o Pedro já assinaram o contrato com uma seguradora angolana.
10. Joana, aconselho-te a saíres de Luanda ao fim de semana e a visitares outras paragens.
11. O Sousa, que naquele dia estava sem paciência, disse que ia desistir do projeto.
12. A Companhia de Teatro anunciou, hoje, que vai apresentar uma nova peça que exibe temas de cariz histórico e social.
13. A banda Muxima lançará, no dia 20, o segundo trabalho discográfico.
14. O Pedro, o nosso melhor aluno, conseguiu uma bolsa de estudo.
15. Gosto, isto é, adoro conhecer a História do país através das pessoas que a viveram.

13.
5. Os jogadores entraram, sentaram-se e responderam a todas as perguntas.
6. Sofia, elabora o plano de formação com o Rui.
8. A criança cuja história te contei ficou órfã de pai e mãe aos 3 anos.

8 É golo!

1. 1. envolta   2. expulso   3. entregues   4. impressos   5. descoberto   6. aceite   7. mortos   8. salvo

2.

1. Os prémios foram entregues.
2. Fizemos a seleção dos jogadores.
3. Pagámos os bilhetes.
4. Limparam o ginásio.
5. Suspenderam o treinador.
6. Acenderam as luzes do estádio.

3.
2. A seleção dos jogadores está feita.
3. Os bilhetes estão pagos.
4. O ginásio está limpo.
5. O treinador está suspenso.
6. As luzes do estádio estão acesas.

4. 1. Ténis   2. Futebol   3. Motocrosse   4. Canoagem   5. Esgrima   6. Golfe   7. Hóquei em patins   8. Natação

5.
1. passar a bola por dentro de um cesto
2. cruzar a meta a correr
3. tocar o adversário com um sabre
4. imobilizar o adversário
5. introduzir a bola na baliza com um *stick*
6. acertar a bola em buracos com tacadas
7. marcar golos na baliza com o pé ou com a cabeça
8. cruzar a meta de bicicleta
9. ultrapassar, em altura, uma fasquia com a ajuda de uma vara para elevar o corpo

6.   A. sacar   B. enganar   C. buscar

7. 1. velejador   2. surfista   3. mergulhador   4. judoca   5. maratonista   6. nadador   7. halterofilista

8. 1. batemos   2. palmarés   3. queimou uma substituição   4. pelo seguro   5. abre o ativo
6. deste calafrio   7. um frango   8. apito final   9. formação   10. venenoso

9. A – porteiro   B – partido   C – camiseta   D – pelota

10.
1. Tenho a perna partida.
2. Qual é a vossa meta para o próximo ano?
3. Comprei um cesto de vime.
4. Encomendei um frango para o jantar.
5. O Pedro caiu e deu uma pancada com a cabeça.
6. Sublinha essas frases com um marcador.
7. Cruza os dedos para dar sorte.
8. Qual é o título do novo romance do Lobo Antunes?
9. Quando é que vai ser o lançamento da obra?
10. Quem é que estava a bater à porta?
11. Ele sempre foi um especialista no campo do desporto.
12. Queres outra taça de gelado?

11. 1. por / a / em   2. entre / do   3. à / com / sobre   4. ao / no   5. de / para / à   6. em / ao   7. Para / do / de
8. por / no

12.

Texto 1

Desta vez, não demos hipótese ao adversário. Estávamos confiantes e sedentos de vitória. O primeiro golo foi monumental e mostrou que, afinal, estamos em grande forma.
Fomos alvo de muitas críticas no início do campeonato, mas temos vindo a recuperar. Sabemos que o nosso desempenho foi fraco no início, mas esperamos que os próximos jogos sejam tão ou mais favoráveis do que este.

Texto 2

Foi um jogo para esquecer. Não compreendo como é que deixaram que o Porto desse a volta ao resultado daquela maneira.
Jogámos de uma forma exemplar na primeira parte, mas facilitámos na segunda. Abrandámos o passo, encostámo--nos ao resultado e fomos demasiado permissivos.
Esta derrota não abona a nosso favor nesta fase do campeonato. Foi uma prestação sofrível e pouco digna.

Texto 3

O Calendária bateu ontem o adversário por 5 a 1 na oitava jornada do Campeonato Nacional de Hóquei em Patins, passando ao terceiro lugar da classificação, ultrapassando o Benfica.
Apesar de ainda ser cedo para fazer previsões quando à possibilidade de vir a disputar o título, a atuação brilhante de ontem pode apontar nesse sentido.

Várias soluções possíveis. Sugestões:

Texto 1

Modalidade: Futebol.
Desempenho da equipa: Bom. Venceu o adversário.
Expectativas: Positivas. Espera-se que as próximas prestações sejam tão ou mais favoráveis.

Texto 2

Avaliação do jogo: Má. A equipa sofreu uma derrota. Jogou bem na primeira parte, mas não conseguiu manter o ritmo na segunda.
Expectativas: O resultado do jogo é pouco favorável visto que o campeonato já se encontra numa fase muito avançada.

Texto 3

Modalidade: Hóquei em patins
Clubes: Benfica e Calendária.
Desempenho da equipa: Ótimo.
Expectativas: Favoráveis à obtenção do título.

Soluções e transcrições

13.

Avaliação positiva	Avaliação negativa
confiantes	fraco
monumental	permissivos
favoráveis	sofrível
exemplar	pouco digna
brilhante	

14. Sugestões:
Resumo do texto 1

Na fase inicial do campeonato, a equipa foi criticada pelo mau desempenho. Com o resultado obtido no último jogo, os jogadores conseguiram provar que estavam em forma e que tinham recuperado.

15. basquetebol / defesa / desportista / futebolista / passe / regra / golos / substituir / jogada / torneio / ponto / equipa

16.

1. impresso   2. aceite   3. empregue   4. omisso   5. extinto   6. expresso   7. descalço

17. ginásio / transferência / adversário / pódio

9 Oi, tudo bem?

1.
1. Divide-se em 5 regiões.   2. Capixaba.   3. Moqueca baiana e acarajé.   4. Iemanjá.   5. O forró e o frevo.
6. Capoeira e candomblé.

2.
1. Quando passares uns dias no Nordeste, vais compreender por que razão é que eu adoro aquela região.
2. Se fores ao Rio de Janeiro sozinha, tens de ter muito cuidado à noite.
3. Ao sobrevoarmos o Brasil, apercebemo-nos das saudades que tínhamos dos nossos amigos.
4. Embora não tivéssemos guia, conseguimos visitar sítios pouco turísticos.
5. Para responder à tua pergunta, o candomblé é uma forma de culto com raízes ancestrais.

3.   1. Vai pondo   2. irem andando   3. ir fazendo   4. íamos acreditando   5. fomo-nos habituando

4.

Diálogo A

Lojista:	**Pois não?**
Maria:	Bom dia. Queria ver aquele **paletó**.
Lojista:	Aquele preto que está na **vitrine**?
António:	Sim. **Tem** noutras cores?
Lojista:	Esse paletó **tem** em azul-escuro e cinza.
António:	**Me** dê em azul, por favor.

5 minutos depois

António:	O que acha, **meu bem**?
Maria:	Acho ótimo. Fica muito bem **em você**.
António:	Vou levar.
Lojista:	Mais alguma coisa?
António:	Não. Posso pagar com cartão de crédito?
Lojista:	Não, só **à vista**.
Maria:	Edson, você tem **meu celular**?
António:	Não.
Maria:	**Vai ver** que o deixei no *shopping* quando fui **no banheiro**.
António:	**Tenha** calma. Vem comigo. **Te dou uma carona**.

Diálogo B

Gerente:	Boa tarde. O meu nome é José. Eu sou o encarregado da loja.
Vera:	Boa tarde. **Me chamo** Vera. Prazer.
Gerente:	Precisamos de alguém com muita experiência para as horas de maior movimento. Tem experiência no ramo?
Vera:	Já trabalhei como **garçonete faz** uns dois anos. Depois fiquei sem emprego e...
Gerente:	Vou ver o que posso fazer. Já conhece a cidade?
Vera:	Sim. Tenho uma amiga muito **bacana** que me mostrou um pouquinho desta cidade maravilhosa.
Gerente:	Bem, vou dar-lhe uma oportunidade. Pode começar na segunda-feira?
Vera:	Claro! **Que legal**! **Você** não pode imaginar a alegria que sinto.

5. 1. e. 2. d. 3. g. 4. b. 5. h 6. c. 7. f. 8. a

6.
1. Esse **fato há** em azul-escuro e cinza.
2. **Dê-me** em azul, por favor.
3. Faça favor.
4. O que **achas, meu amor**?
5. **Se calhar**, deixei-o **no centro comercial** quando fui **à casa de banho**.
6. Dou-te uma boleia.
7. **Chamo-me** Vera.
8. Trabalhei como **empregada de mesa há** uns dois anos.

7.

A. 1. (PB) 2. (PB) 3. (PE) 4. (PB) 5. (PE) 6. (PB) 7. (PE) 8. (PE) 9. (PB) 10. (PE) 11. (PB) 12. (PB) 13. (PE) 14. (PB) 15. (PB)

B.
1. Traga-me uma caipirinha, por favor.
2. Vamos ao cinema?
4. Estou a adorar Lisboa.
6. Como está?
9. Pedro, pode fazer-me um favor?
11. Nós gostaríamos (gostávamos) muito de aceitar o seu convite.
12. Qual é a sua morada?
14. Dás-me boleia, amor?
15. Não estou a perceber nada.

Soluções e transcrições

8.

A: Como foi a tua **estadia** no Rio?
B: Correu bem.
A: Estava **preocupada** contigo. Enviei-te duas mensagens, mas não me respondeste.
B: Não levei o telemóvel. Quando precisava de telefonar, ia ao **orelhão**.
A: Ao **orelhão**?
B: Sim, à cabine.
A: Não sabia que cabine se dizia orelhão.
B: **Engraçado**, não é? Essa foi uma das palavras que aprendi por lá. Se eu disser que tomei um **chope** numa **lanchonete**, percebes?
A: Essa é fácil. Significa que bebeste uma imperial num *snack-bar*.
B: Correto! E há mais... o que é que um **encanador** tem a ver com uma **locadora**?
A: Não sei...
B: Nada. É a mesma coisa que eu te perguntar: "o que é que um canalizador tem a ver com uma **agência imobiliária**?"
A: Já conhecia algumas diferenças como **ônibus**, geladeira...
B: Isso é porque vês muitas telenovelas brasileiras. Há sempre alguém que vai apanhar o **autocarro** ou que vai buscar alguma coisa ao **frigorífico**.
A: E que tal deixarmos o vocabulário e irmos beber um café?
B: Queres ir beber o café numa **chávena** ou numa **xícara**?
A: Brincalhão!

9. 1. cabine   2. *snack-bar*   3. cerveja   4. canalizador   5. agência imobiliária   6. autocarro   7. frigorífico   8. chávena

10.
1 kg de feijão preto / 1 **colher** (de sopa) de banha / 250 g de carne **de vaca /** 500 g de carne seca / 400 g de **porco** salgado / 200 g de paio / 150 g de chouriço **preto** / 150 g de chouriço **de carne /** 1 **orelha** de porco / 1 rabo de porco / 1 **pé** de porco / 150 g de **toucinho** fumado / 1 **cebola** grande / 4 **dentes** de alho / 1 **folha** de louro / Sal e pimenta

11.
Ponha o feijão de molho de um dia para o outro.
Prepare as carnes e **deixe-as** também de molho. **Mude** a água várias vezes.
Coza o feijão e as carnes à parte. O feijão deve **ser cozido** em água temperada com sal.
Corte a cebola e **pique-a** finamente. **Aloure-a** na banha com os alhos picados e o louro.
Acrescente 3 colheres de sopa de feijão cozido e um pouco do caldo da cozedura do feijão ao refogado. Em seguida, **triture** tudo. **Adicione** o restante feijão e as carnes. **Deixe** apurar durante 20 minutos. **Verifique** o tempero e **retifique**, se necessário.
Entretanto, **prepare** o molho. **Pise** uma cebola, um dente de alho e **tempere** tudo com sal e pimenta. Se **quiser** um molho picante, **pique** 50 g de malaguetas e **adicione** ao preparado.
Junte a salsa picadinha, o sumo de um limão e **regue** com três colheres de sopa de azeite. **Corte** as carnes e **disponha--as** numa travessa. **Sirva** com arroz branco e farinha de mandioca.

12.
1. abre-latas   2. azul-marinho   3. quinta-feira   4. recém-nascido   5. amor-perfeito   6. salva-vidas
7. pisca-pisca   8. decreto-lei   9. porta-chaves   10. guarda-noturno   11. ex-marido   12. vice-presidente

10 Em cartaz.

1./2.

	Texto 1	Texto 2
Música portuguesa	Zeca Afonso Xutos (& Pontapés) The Gift David Fonseca	Rui Veloso Jorge Palma Rodrigo Leão Deolinda Oquestrada A Naifa
Música internacional	U2 Ben Harper Cold Play Muse	Música brasileira, africana e anglo-saxónica. Ritmos cubanos.

Texto 1

Ouço a música portuguesa que passa na rádio, mas não consumo. O fado, por exemplo, não me diz nada. Na adolescência, ouvia Zeca Afonso e, mais tarde, inclinei-me para os Xutos.

Há uns anos, fui guitarrista numa banda. Tocávamos temas originais em inglês e éramos criticados por isso. O David Fonseca ou os The Gift não perdem qualidade só por cantarem em inglês. A boa música não conhece fronteiras linguísticas.

Atualmente, ouço U2, Ben Harper, Coldplay e Muse.

Gosto de festivais, mas não vou tanto como gostaria. O que compensa é estar lá dois ou três dias, mas não tenho tempo para isso.

Texto 2

A meu ver, a música portuguesa está bem e recomenda-se. Há quem discorde e defenda que lá fora é que é. A verdade é que se traduzíssemos para português muitas das letras que se ouvem por aí, verificaríamos que ficam muito aquém do que se faz por cá.

Temos ótimos artistas como o Rui Veloso, o Jorge Palma ou o Rodrigo Leão e há uma nova geração com muito talento como os Deolinda, os Orquestrada e A Naifa.

Não compro música só porque passa na rádio ou na MTV. Ouço o que gosto, quer seja comercial, quer não. As minhas preferências vão para a música brasileira, africana e anglo-saxónica. Também gosto dos ritmos cubanos.

Sugestões:
1. Embora **ouça** música portuguesa, o Bernardo **não compra CD**.
2. Quando era mais novo, ele **ouvia Zeca Afonso e Xutos**.
3. Quando fez parte de uma banda, **tocava originais em inglês**.
4. Relativamente aos cantores portugueses que cantam em inglês, **o Bernardo acha que não devem ser criticados.**
5. O Bernardo vai pouco aos festivais de música **porque tem pouca disponibilidade**.

3. Sugestões:

Segundo a entrevistada, a música portuguesa é bastante diversificada e tem tanta ou mais qualidade do que aquela que se produz no estrangeiro. Refere alguns nomes como Rui Veloso, Jorge Palma e Rodrigo Leão e destaca os Deolinda, os Orquestrada e A Naifa na nova geração. Quanto à música estrangeira, tem gostos muito heterogéneos e não segue tendências. Ouve música brasileira, africana, anglo-saxónica e cubana.

4.
1. Se o estúdio não estivesse fechado, tínhamos gravado / teríamos gravado.
2. Se tivesse havido apoios, o álbum tinha lançado / teria sido lançado.
3. Se tivessem feito mais digressões, eram / seriam mais conhecidos.
4. Se ele não gostasse do nosso estilo musical, não teria apoiado / tinha apoiado todos os nossos projetos.
5. Se me deres o número do estúdio, marco as gravações.
6. Se o vocalista não tivesse saído, a banda não teria acabado / tinha acabado.
7. Se tens vontade de ouvir Fado, vai a Alfama ou ao Bairro Alto.
8. Se fizeres como eu te disse, arranjas onde ficar nos dias do festival.

5. 1. Embora   4. Antes que   5. Caso   6. Apesar de

6.
1. a) organizem	b) organizassem	c) tivessem organizado
2. a) houver	b) Haja / houver	c) haja
3. a) ponham	b) tivéssemos posto	c) púnhamos
4. a) forem	b) fôssemos	c) vás
5. a) souberes	b) soube	c) sabermos
6. a) tragas	b) trouxesse	c) tragam-me
7. a) veres	b) veja	c) virem
8. a) venhas	b) viesse	c) tivessem vindo
9. a) quis	b) queria	c) quiserem
10. a) esteja	b) estiveres	c) estivesse
11. a) cancelem	b) tivessem cancelado	c) cancelassem
12. a) dando	b) dê	c) dar

Soluções e transcrições

7.

1. Se o Carlos trouxer a tenda, podemos acampar no recinto do festival.
2. Ainda que não saibamos se os Xutos vão atuar, pensamos ir ao primeiro dia do Rock in Rio.
3. Dou-te boleia até à Zambujeira na condição de me prometeres que trazes o carro quando voltarmos para Lisboa.
4. Cancelaram a atuação porque não havia público suficiente.
5. Se arranjares mais bilhetes, avisa-nos.
6. Organizámos tudo de modo a não haver problemas durante o festival.
7. Sem que tenham as datas exatas, será difícil assegurarmos o estúdio.
8. Ao subirem ao palco, foram muito aplaudidos.
9. Basta que saibam que o vocalista saiu da banda para cancelarem o concerto.
10. Até que a programação saia, ninguém vai confirmar a presença na festa.
11. Não tomes nenhuma decisão antes que eles falem com o vocalista da banda.
12. Não aceitei o convite, não porque não tivesse vontade, mas porque não tinha tempo.

8.

Com o verão, chega a dúvida **do** costume: **a** que festival vou este ano? Não fosse **pelo** preço **dos** bilhetes, tal pergunta não teria razão **de** ser. Como qualquer festivaleiro que se preze, eu sei as datas e os locais **de** cor **sem** recorrer **à** agenda **de** bolso.

A que se deve esta febre musical que seduz milhares e os conduz **aos** recintos que se espalham **por** todo o país?

Ao revisitarmos o historial deste fenómeno **em** Portugal, temos **de** recuar **a** 1970, o ano **em** que se realizou o pioneiro Vilar de Mouros. **Desde** então, outros foram surgindo, dando visibilidade **à** produção nacional e **a** grandes nomes **da** cena musical internacional.

Já assisti **a** muitos concertos **ao** vivo, já dormi muitas noites **sob** um céu estrelado, mas se tivesse de escolher um festival, o meu voto iria, **sem** sombra **de** dúvida, **para** o Sudoeste.

Reconhecido **por** muitos como o festival **dos** festivais, o Sudoeste atrai milhares **à** Zambujeira do Mar. O motivo **pelo** qual se tornou uma referência incontornável deve-se **à** variedade **de** géneros musicais apresentados. **Do** reggae **ao** hip hop, passando **pela** música eletrónica até às atuações **de** fadistas como Mariza e Camané, o público respeita-o e venera-o **pela** sua versatilidade.

Para aqueles que já se cansaram **de** acampar na animada herdade alentejana, onde se situa o espetáculo, existem bastantes opções **de** alojamento **nas** imediações.

9.

NOME	ADJETIVO
o fulgor	**fulgurante**
a vertigem	**vertiginoso**
o espetáculo	**espetacular**
a memória	**memorável**
a concorrência	**concorrido**
o aborrecimento	**aborrecido**
o fracasso	**fracassado**
o engenho	**engenhoso**
o aplauso	**aplaudido**
a surpresa	**surpreendente**

10.

A.

atua**ç**ão	lan**ç**amento
pa**s**sar	entrela**ç**ar
pró**x**imo	a**ss**istên**c**ia
trou**x**e**ss**e	can**s**ar
pe**ç**a	po**ss**uir

B.

e**x**emplo	a**z**áfama
e**x**istência	pu**s**este
anali**s**ar	fa**s**ear
e**x**agero	e**x**ultar
e**x**atidão	ob**s**équio

C.

bai**x**ista	en**ch**er
in**s**trumento	e**x**cecional
e**s**colha	orque**s**tra
e**x**traordinário	ca**s**tiço
tra**z**	palco**s**

D.

vestí**g**ios	homena**g**ear
ha**j**a	le**g**ível
presti**g**iado	a**j**udar
sur**g**ir	alo**j**amento
arran**j**o	a**g**ente

Lista de Faixas Áudio

FAIXA	ATIVIDADE	FAIXA	ATIVIDADE	FAIXA	ATIVIDADE
Unidade 0		**Unidade 4**		**Unidade 8**	
3.	1.	26.	13.	51.	2.
4.	7.	27.	Texto A - 15.	52.	Texto 1 - 12./13.
5.	A - 15./16.	28.	Texto B - 15.	53.	Texto 2 - 12./13.
6.	B - 15./16.			54.	Texto 3 - 12./13.
7.	C - 15./16.			55.	16.
		Unidade 5			
Unidade 1		30.	7.	**Unidade 9**	
9.	2.	31.	8.	57.	8.
10.	4.	32.	13.		
11.	6./7.				
12.	8.				
13.	11.	**Unidade 6**		**Unidade 10**	
14.	14.	34.	Mensagem A - 3.	59.	Texto 1 - 1./2.
		35.	Mensagem B - 3.	60.	Texto 2 - 1.
		36.	5.		
Unidade 2		37.	8.		
16.	Texto A - 11.	38.	12.		
17.	Texto B - 11.	39.	14.		
18.	14.	40.	16.		
		41.	17.		
Unidade 3		**Unidade 7**			
20.	7.	43.	Texto A - 1.		
21.	Texto A - 11.	44.	Texto B - 1.		
22.	Texto B - 11.	45.	Texto C - 1.		
23.	12.	46.	4.		
24.	14.	47.	10.		
		48.	A - 11.		
		49.	B - 11.		

Agradecimentos

A Mark Loquan pelo apoio dado nas diferentes fases de elaboração deste projeto.

A Isabel Ruela pela disponibilidade e incentivo.

Aos autores dos textos reproduzidos neste volume.

Aos jornais e às revistas mencionados ao longo deste livro pela autorização da reprodução de textos, crónicas e artigos.

À Câmara Municipal de Torres Vedras e a Rui Penetra pela cedência das fotografias do Carnaval de Torres.

Ao Banco Millenium BCP pela cedência das fotografias de João Garcia.

A Reinaldo Rodrigues pelas fotografias de Camané.